論語物語

序文　『論語物語』は最高の『論語』入門

▼渋沢栄一に大きな影響を与えた『論語』とは

新一万円札の顔として、また大河ドラマ『青天を衝け』の主人公として、今もっとも注目を集めているのが渋沢栄一です。日本近代資本主義の父といわれる渋沢が、座右の書としたのが『論語』であることは、よく知られていることです。

渋沢は、七歳から本格的に『論語』を学び、その思想を日々実践することで、明治維新という激動の時代を生き抜き、生涯で五百社以上もの企業を創設する大実業家となりました。

渋沢に大きな影響を与えた『論語』は、中国の思想家・孔子が弟子たちと交わした問答を後世まとめたものです。『論語』といえば、「吾十有五《われじゅうご》にして学《がく》に志《こころざ》し」、「故《ふる》きを温《たず》ねて新《あたら》しきを知《し》る」などの言葉が有名ですが、その簡潔さから儒教の入門書として世界中に広まり、孔子はソクラテスや仏陀《ぶつだ》と並ぶ「古代の三大聖人」といわれるようになりました。

孔子の教えを一言でいうと、「世の中を立て直すための行動の教え」です。今から約二千五百年前、群雄割拠《ぐんゆうかっきょ》の春秋《しゅんじゅう》時代において、孔子は乱れた世の中を立て直したい一心で各国を巡り、自らの教えを説きました。その基本理念は、人間にとって一番大切なのは「仁《じん》」（他者への思いやり）であり、それぞれの人が「仁」を実践することで、社会の秩序が保たれるというものです。新型コロナウイルスの感染が拡大し、世界中が混乱の渦中にある現在にも、通じるものがあるのではないでしょうか。

▼論語をわかりやすい物語として再構成した『論語物語』

『論語』の原文は漢文調で、つながりのない文章で構成されているため、一般の人が読むのは難しいものがあります。そこで、昭和のはじめごろ、『次郎物語《じろうものがたり》』の著者として知られる教育学者・下村湖人が、『論語』にある孔子の言葉を『論語物語』として再構成し、わかりやすい物語にまとめあげました。

『論語物語』には、孔子から弟子に対する言葉が二十八のショートストーリーとして書かれています。セリフや心理描写が豊富で生き生きとしているため、読むと自分がその場にいるかのように感じられます。刊行から八十年以上を経ても、その読みやすさ・面白さは変わらず、今も多くの人に読み継がれています。

孔子の教えは、単なる道徳ではなく、非常に現実的かつ実践的です。人間社会でよりよく生きるための処世術であり、いつの時代にも通用する不変のものです。先が見えない困難なこの時代を生きるために、本書を活用していただければ幸いです。

興陽館編集部

挿絵には『孔子事跡図解』を用いました。

〈『論語物語』の登場人物の紹介〉

顔淵《がんえん》（前521～490）孔門の十哲。姓は顔、名は回、字《あざな》は子淵《しえん》。魯《ろ》の人。孔子より三十歳（一説に三十七歳）年下。寡黙で学問好きな秀才で、孔子最愛の弟子。孔子より先に三十代でこの世を去る。
＊顔回《がんかい》→顔淵《がんえん》

桀溺《けつでき》　隠者。長沮《ちょうそ》とともに登場し、子路《しろ》と問答した。

孔子《こうし》（前552～479）。名は丘《きゅう》、字《あざな》は仲尼《ちゅうじ》。魯《ろ》の人。はじめ官職に就き、「礼」によって乱れた政治を立て直そうとしたが既得権益を持つ勢力と対立し辞任。魯の国を出て、弟子たちと諸国を遊歴し、理想とする政治思想を説いて回った。孔子の言行や弟子たちとの対話は、孔子の死後、『論語』（20篇、約500章）としてまとめられた。

公西華《こうせいか》（前509～？）姓は公西、名は赤《せき》、字《あざな》は子華《しか》。魯《ろ》の人。孔子より四十二歳年下。儀式・礼法に通じ、外交官や儀典官のような役割を得意とした。

宰我《さいが》（前522～489）孔門の十哲。姓は宰、名は予《よ》、字《あざな》は子我《しが》。魯《ろ》の人。弁論に優れていた。日中に昼寝をしたり、田常《でんじょう》〔陳成子《ちんせいし》〕の乱に加わったりして、孔子を嘆かせた。
＊宰予《さいよ》→宰我《さいが》

子夏《しか》　（前507？〜420？）孔門の十哲。姓は卜《ぼく》、名は商《しょう》、字《あざな》は子夏。衛《えい》の人。孔子より四十四歳年下。謹厳な人柄で、消極的だったという。孔子の死後は門人を教育し、魏《ぎ》の文侯《ぶんこう》の師にもなった。

子貢《しこう》　（前520？〜456？）孔門の十哲。姓は端木《たんぼく》、名は賜《し》、字《あざな》は子貢。衛《えい》の人。孔子より三十歳ほど年下。聡明で、言葉巧みな雄弁家、自信家。後年、弁舌の才を商売の道に活かし巨富を築いた。

子賤《しせん》　（前521？〜？）。姓は宓《ふく》、名は不斉《ふせい》、字《あざな》は子賤。魯《ろ》の人。孔子より四十九歳（一説に三十歳）年下。魯の単父《ぜんぽ》という町の長官となり、琴を奏でてよく治めたという。

子桑伯子《しそうはくし》　魯《ろ》の人か。老荘思想の道を体得した偉大な師の一人で、隠者といわれる。

司馬牛《しばぎゅう》　（？〜前481）姓は司馬（子馬）、名は耕《こう》、字《あざな》は子牛。宋《そう》の人。口数が多く騒がしい人物で、孔子に「仁」を諭される。

子游《しゆう》　（前506〜？）孔門の十哲。姓は言《げん》、名は偃《えん》、字《あざな》は子游。呉《ご》の人、または衛《えい》の人という。孔子より四十五歳年下。熟慮して行動する人という。武城《ぶじょう》の町の宰《さい》長官になり、音楽による教化を行った。

子路《しろ》　（前542〜480）孔門の十哲。姓は仲、名は由《ゆう》、字《あざな》は子路、または季路。魯《ろ》の人。孔子より九歳年下。『論語』に最も多く登場する門人。学のない無頼の徒で、孔子に乱暴を働こうとしたこともあったが、孔子に感化され弟子となる。終生、側近として孔子に献身し、孔子からも愛され、信頼された。

申棖《しんとう》　姓は申、名は棖または党《とう》、棠《とう》、続《とう》ともいう。字《あざな》は周《しゅう》。魯《ろ》の人か。堅強な人と言われるが、孔子から欲が多いと評された。

冉伯牛《ぜんはくぎゅう》　（前５４４〜?）孔門の十哲。姓は冉、名は耕《こう》、字《あざな》は子有《しゆう》。魯《ろ》の人。孔子より二十九歳年下。多芸で実務に長けた人物。季氏（魯の大夫の家柄）の宰《さい》（家老）となるが、控え目な性格のためか季氏の専横を正すことはできなかった。
＊伯牛《はくぎゅう》→冉伯牛《ぜんはくぎゅう》

冉有《ぜんゆう》　（前５２２〜４８９?）孔門の十哲。姓は冉、名は求《きゅう》または有、字《あざな》は伯牛。魯《ろ》の人。孔子より七歳年下という。

曾子《そうし》　（前５０５〜４３５）姓は曾、名は参《しん》、字《あざな》は子輿《しよ》。魯《ろ》の人という。孔子より四十六歳年下。内省的な人柄で、孔子に「孝」の道に通じていると評された。孔子の道を伝えた第一人者。
＊曾参《そうしん》→曾子《そうし》

仲弓《ちゅうきゅう》　（前５２２〜?）孔門の十哲。姓は冉《ぜん》、名は雍《よう》、字《あざな》は仲弓。魯《ろ》の人。孔子より二十九歳年下という。仁徳を身につけ、季氏（魯の大夫の家柄）の宰《さい》（家老）となってそれを実践した。

長沮《ちょうそ》　隠者。桀溺《けつでき》とともに登場し、子路《しろ》と問答した。

陳亢《ちんこう》　（前５１１〜?）姓は陳《ちん》、名は亢《こう》、字《あざな》は子禽。孔子より四十歳年下。子貢の門人かともいう。

伯魚《はくぎょ》　姓は孔、名は鯉《り》、字《あざな》は伯魚。孔子の子。孔子二十歳の時に生まれ、孔子に先立って五十歳で死んだ。

閔子騫《びんしけん》　（前536～487）孔門の十哲。姓は閔、名は損《そん》、字《あざな》は子騫。魯《ろ》の人という。孔子より十五歳年下。名誉を求めず、自分に厳しい求道者で、徳孝の人。

有若《ゆうじゃく》　（前515?～?）。姓は有、名は若、字《あざな》は子《し》有《ゆう》。魯《ろ》の人。孔子より十三歳（一説には三十三歳、または三十六歳）年下。「有子の発言は孔子にそっくりだ」と門人の信頼が厚く、容貌も孔子に似ていた。

陽虎《ようこ》　魯《ろ》の大夫。三桓（魯の重臣、孟孫《もうそん》（仲孫《ちゅうそん》）氏・叔孫《しゅくそん》氏・季孫《きそん》氏の三大公族）を滅ぼそうとして、逆に孟懿子《もういし》に攻められ、斉《せい》から宋《そう》、晋《しん》に逃げた。

論語物語｜目次

論語物語

はじめに

『論語』は「天の書」であるとともに「地の書」である。孔子《こうし》は一生こつこつと地上を歩きながら、天の言葉を語るようになった人である。天の言葉は語ったが、彼には神秘《しんぴ》もなければ、奇蹟《きせき》もなかった。いわば、地の声をもって天の言葉を語った人なのである。

彼の門人《もんじん》たちも、彼にならって天の言葉を語ろうとした。しかし彼らの多くは結局、地の言葉しか語ることができなかった。なかには、天の響《ひび》きをもって地の言葉を語ろうとする虚偽《きょぎ》をすら、あえてする者があった。そこに彼らの弱さがある。そしてこの弱さは、人間が共通にもつ弱さである。われわれは、孔子の天の言葉によって教えられるとともに、彼らの地の言葉によって反省させられるところが非常に多い。

こうした『論語』のなかの言葉を、読過《どっか》の際の感激にまかせて、それぞれに小さな物語に仕立ててみたいというのが本書の意図《いと》である。むろん、孔子の天の言葉の持つ意味を、誤りなく伝えることは、地臭《ちしゅう》の強い私にとっては不可能である。しかし、門人たちの言葉を掘り返して、そこに私自身の弱さや醜《みにく》さを見いだすことは、必ずしも不可能ではなかろうと思う。

この物語において、孔子の門人たちは二千数百年前の中国人としてよりも、われわれの周囲にざらに見いだしうるふつうの人間として描かれている。そのために、史上の人物としての彼らの性格は、ひどくゆがめられ、傷《きず》つけられていることであろう。この点、私は過去の求道者たちに対して、深く深くおわびをしなければならない。

しかし、『論語』が歴史でなくて、心の書であり、人類の胸に、時所《じしょ》を超越《ちょうえつ》して生かさるべきものであるならば、われわれが、それを現代人の意識をもって読み、現代人の心理をもって解剖し、そしてわれわれ自身の姿をその中に見いだそうと努《つと》めることは、必ずしも『論語』そのものに対する冒瀆《ぼうとく》ではなかろうと信ずる。

『論語』五百十二章中、本書に引用したものが百三十章である。しかし、これらの章句が、いかなる時に、いかなる所で、いかなる事情のもとに発せられた言葉であるかを、正確に伝えることは、全然本書の意図《いと》するところではない。本書では、ある章句を中心にして物語を構成しつつ、意味の上でその物語中に引用するに適したと思われるような章句は、なんの考証《こうしょう》もなしに、これを引用することにした。したがって、考証的な詮索《せんさく》が本書に対してなされることは、まったく無意味である。

なお、物語相互《そうご》の間に内容的な連絡はない。したがってその配列についても、なんら一定の標準がない。それぞれの物語は、それぞれに独立して読まるべきである。

孔子は、門人を呼ぶに、名を呼んでけっして字《あざな》を呼ばない（たとえば子貢《しこう》を賜《し》と呼び、子路《しろ》を由《ゆう》と呼ぶがごとく）。しかし本書においては、そうしたことすら厳密に守られていない。その他起居《ききょ》動作の習慣などについて、二千数百年前の中国を知る人の目から見たら、あきたらない節々《ふしぶし》が多分にあるであろう。著者は、しかし、いちいちそれらのことを意に介《かい》しない。著者はただ「心」を描けばよかったのである。史上の人物の心でなく、著者自身と、著者の周囲に住むふつうの人間との「心」を描けばよかったのである。

昭和十三年十二月二日校正を終えて

下村湖人

富《と》める子貢《しこう》

子貢《しこう》いわく、貧《ひん》にして諂《へつら》うことなく、富《と》みて驕《おご》ることなくんばいかんと。子《し》いわく、可《か》なり、未《いま》だ貧《ひん》にして楽しみ、富《と》みて礼《れい》を好む者に若《し》かざるなりと。子貢《しこう》いわく、詩にいう、切《せつ》するが如《ごと》く、磋《さ》するが如《ごと》く、琢《たく》するが如《ごと》く、磨《ま》するが如《ごと》しとは、それ、これをこれいうかと。子《し》いわく、賜《し》や、始めて与《とも》に詩をいうべきのみ。これに往《おう》を告《つ》げて、来《らい》を知る者なりと。

――学而篇《がくじへん》

子貢《しこう》は、その日、大きく胸を張って、腹の底まで朝の大気《たいき》を吸いこみながら、ゆったりと、大股《おおまた》に歩いていた。彼は、このごろ、いい役目にありついて、日ましに金回《かねまわ》りのよくなっていく自分のことを考えて、身も心もおのずと伸《の》びやかになるのであった。

(先生は、[1]顔回《がんかい》の米櫃《こめびつ》の空《から》なのを、いつもほめられる。そして、天命《てんめい》をまたないで人為的《じんい》に富《とみ》を積むのを、あまり快《こころよ》く思っていられないらしい。しかし、腕《うで》のある人が、正しい道をふんで富を積むのが、なんで悪かろう。自分にいわせると、貧乏はそれ自体悪《あく》で、富裕《ふゆう》は善だ。第一、金に屈托《くつたく》がないと、楽々《らくらく》と学問に専念することができる。それに、なによりいいことは、だれの前に出ても、平生《へいせい》どおりの気持ちで応対ができることだ。貧乏でいたころは、どうもそうはいかなかったようだ）

彼は、数年前までの、苦しかった時代のことを思い出して、何度も首を横にふった。（あのころは、貴人《きじん》や長者《ちょうじゃ》の前に出ると、変にぎこちなく振《ふ》る舞《ま》ったものだ。むろんそれは、自分の貧乏ったらしい姿を恥《は》じたからではない。そんなことを恥じるほど弱い自分でもなかったようだ。その点では、子路《しろ》にだって負けないだけの自信を、自分もたしかに持っていた。ただ、自分は、少しでも相手に媚《こ》びると思われたくなかったのだ。

貧乏はしかたがないとして、そのために物欲《ものほ》しそうな顔つきをしているように見られたら、それこそおしまいだし、かといって、礼を失《しっ》するような傲慢《ごうまん》なまねもできないので、つい物腰《ものごし》がぎこちなくならざるを得なかったのだ。今から考えると不思議《ふしぎ》なようだが、貧乏という事実がそうさせたのだからしかたがない。やはり貧乏はしたくないものだ）

（それにしても――）

と、彼は急に昂然《こうぜん》と左右を見まわしながら、心の中でつぶやいた。

（とにかく自分が何人《なんぴと》にもへつらわなかったことだけは、まぎれのない事実だ。この点で、自分は貧困に処《しょ》する道を誤らなかった、と公言《こうげん》してもさしつかえあるまい。先生だって、おそらくそれを許してくださるだろう）

彼はいつの間《ま》にか、孔子《こうし》の家のすぐ近くまできていた。

見ると、門の外に、二人の若い孔子の門人《もんじん》たちが、うやうやしい姿勢《しせい》をして立っている。彼らは、ちょうど門をくぐろうとしているところに、子貢《しこう》の姿を認めたので、わざわざ歩みをとどめて、彼を待っていたものらしい。二人とも、数年前の子貢と同じように、ごく貧乏な人たちばかりである。

三人は、子貢《しこう》が彼らのまえ二間《けん》〔約三・六メートル〕ほどのところに近づくと、弟子《ていし》の礼《れい》をとって、いともいんぎんにおじぎをした。子貢も、ほとんどそれに劣《おと》らないほどのていねいさで、彼らにおじぎを返した。そしてほんの数秒間、道を譲《ゆず》りあったあと、先輩《せんぱい》順《じゅん》に門をくぐることにした。子貢がその中の大先輩であったことはいうまでもない。

門をくぐり終えて子貢は考えた。

（[2]先生はかつて、貧乏で怨《うら》まないことと、富《と》んで驕《おご》らないこととでは、貧乏で怨《うら》まないことの方がむずかしいといわれたが、必ずしもそうとは限らない。富んで驕《おご》らないことの方が、かえってむずかしいともいえるのだ。だが、いずれにしても自分は大丈夫《だいじょうぶ》だ。現にたった今も、富んで驕《おご》らないことを事実に示すことができたのだから）

堂に上がった時の彼の顔は、太陽のように輝《かがや》いていた。彼は、自分ながら、自分の顔をまぶしく感ずるくらいであった。そして、みんなの集まるいつものうす暗い部屋にはいると、多くの弟子《でし》たちの顔が、青白い星のように、ちらちらと彼の目の下にゆれていた。しかし、彼は、孔子《こうし》が未知の世界そのもののように、端然《たんぜん》と正面《しょうめん》に腰《こし》をおろしているのを見ると、少しあわてて気味《ぎみ》に、型《かた》どおり挨拶《あいさつ》をすまして、自分の席についた。

彼のあとについてはいってきた三人も、すみっこの方に、それぞれ自分たちの席を定めた。

前からのつづきらしい礼の話が、それからひとしきりはずんだ。今日《きょう》は、ごく自由な座談会めいた集まりだったためか、孔子は別にまとまった話をしなかった。むしろ、みんなのいうことに聞き入《い》っているというふうであった。しかし、だれかの言葉に少しでも上《うわ》ずったところや、間違ったところがあると、孔子はけっしてそのままには聞き流さなかった。彼の批判はいつも厳《きび》しかった。その厳《きび》しさは、しかし、ふんわりと彼の愛をもって包まれていた。

子貢《しこう》は、言論にかけては、孔門《こうもん》第一の人であったが、今日《きょう》は不思議《ふしぎ》にも沈黙を守っていた。第一彼は、人々の話をあまり注意して聞いてはいなかった。彼の心は、きょう道々《みちみち》考えてきたことを、うまい言葉で披瀝《ひれき》してみたい考えでいっぱいだったのである。

「子貢は珍しく黙っているようじゃな」

孔子が、とうとう彼を顧《かえり》みていった。

子貢《しこう》は虚《きょ》をつかれて、ちょっとたじろいだが、すぐ、この機を逸《いっ》してはならないと思った。彼はこれまで、自分の意見に少しでも不安なところがあると、まず孔子《こうし》一人だけの時にそれを述べて、批判を乞《こ》うことにしていた。それは、多くの門人たちに、自分のつまらぬところを見せたくなかったからである。

しかし、今日《きょう》の彼は、十分自信にみちていた。自分の考えは実行に裏づけられている、という誇《ほこ》りがあった。孔子の助言《じょげん》なしに完成した自分の意見を、孔子をはじめたくさんの門人たちに聞いてもらう愉快《ゆかい》さを思って、彼は内心《ないしん》得意にならないではいられなかった。

彼はそれでも、

「私は、ただいまの皆さんのお話がいちおうすみました上で、少し別のことについて、先生のお考えを承《うけたまわ》りたいと存じておりますので……」

と、自分を制しながら答えた。

「そうか。……なに、もうそろそろ話題をかえてもいいころだろう」

子貢《しこう》はうれしかった。彼は、しかし、すぐには口をきらなかった。得意になっている様《よう》子《す》を人々に見せてはならない、と思ったからだ。

「いったい、君の問題というのは、何かね」

孔子は、もう一度彼を促《うなが》した。そこで子貢は立ち上がって、彼一流のさわやかな口調《くちょう》でいった。

「私は、このごろ、貧富《ひんぷ》に処《しょ》する道について、多少考えもし、体験も積んできたつもりでありますが、貧《ひん》にしてへつらわず富《と》んで驕《おご》らないというのが、その極致《きょくち》で、それが実践《じっせん》できれば、その方面にかけては、まず人として完全に近いものではないかと存じます」

「いや、それこそさっきからの話の礼と密接な関係をもった問題じゃ。……で、君にはそれが実践《じっせん》できたというのか」

「それは、先生はじめみなさんのご判断にお任《まか》せいたします」

子貢《しこう》は、しかし、自信たっぷりな面持《おもも》ちだった。そして、さっき彼といっしょに門に入って来た三人の青年に、そっと視線を向けた。

「なるほど、貧富《ひんぷ》ともに体験をつんだという点では、君は第一人者じゃな」

子貢《しこう》の耳には、孔子《こうし》のこの言葉は、ちょっと皮肉《ひにく》に聞こえた。しかし、孔子がみだりに皮肉をいう人でないことを、彼はよく知っていたので、次の瞬間には、それを自分がほめられる前提《ぜんてい》であると解《かい》した。

「君が、貧《ひん》にしてへつらわなかったことも、富《と》んで驕《おご》らないことも、わしはよく知っている」

そういった孔子の口調《くちょう》は妙《みょう》に重々《おもおも》しかった。子貢は、ほめられると同時に、なぐりつけられたような気がした。「それでいい。それでいいのじゃ」

孔子《こうし》の言葉つきはますます厳粛《げんしゅく》だった。子貢《しこう》は、もうすっかり叱《しか》られているような気になってしまった。

「だが──」と孔子は語をつづけた。

「君にとっては、貧乏はたしかに一つの大きな災《わざわ》いだったね」

子貢《しこう》は返事に窮《きゅう》した。彼は、今日《きょう》道々、「貧乏はそれ自体悪《あく》だ」とさえ考えてきたのであるが、孔子に真正面《ましょうめん》からそんな問《と》いをかけられると、妙《みょう》に自分の考えどおりを述べることができなくなった。

「君は、貧乏なころは、人にへつらうまいとして、ずいぶん骨を折《お》っていたようじゃな。そして、今では人に驕《おご》るまいとして、かなり気を使っている」

「そうです。そして自分だけでは、そのいずれにも成功していると信じていますが……」

「たしかに成功している。それはさっきもいったとおりじゃ。しかし、へつらうまい、驕《おご》るまいと気を使うのは、まだ君の心のどこかに、へつらう心や、驕《おご》る心が残っているからではあるまいかの」

子貢は、その明敏《めいびん》な頭脳《ずのう》に、研《と》ぎすました刃《やいば》を刺《さ》しこまれたような気がした。孔子はたたみかけていった。

「むろん、君のいうような道を悪いとはいわない。しかし、それはまだ最高の道ではないのじゃ。貧富《ひんぷ》に処《しょ》する最高の道は、結局、貧富を超越《ちょうえつ》するところにある。君がへつらうまいとか、驕《おご》るまいとか苦心するのも、つまりは貧富を気にし過《す》ぎるからのことじゃ。貧富を気にし過《す》ぎると、自然それによって、他人と自分とを比べてみたくなる。比べた結果がへつらい心や驕《おご》り心を生み出す。そこで、それを征服するために苦心しなければならない、ということになるのじゃ」

子貢《しこう》は固くなって聞いているより仕方がなかった。

[3]「そこで、貧富《ひんぷ》を超越《ちょうえつ》するということじゃが、それは結局、貧富を天に任《まか》せて、ただ一途《いちず》に道を楽しみ礼《れい》を好む、ということなのじゃ。元来《がんらい》、道は功利的、消極的なものではない。したがって、貧富その他の境遇《きょうぐう》によって、これを二、三すべきものではない。道は道なるがゆえに楽しみ、礼は礼なるがゆえに好むといったような、至純《しじゅん》な積極的な求道心があってこそ、どんな境遇にあっても自由無礙《むげ》に善処《ぜんしょ》することができるのじゃ。顔回《がんかい》にはそれができる。彼はさすがに賢者《けんじゃ》じゃ。そこまで行くと、貧《ひん》にしてへつらわないとか、富《と》んで驕《おご》らないとかいうことは、もう問題ではなくなる」

「先生、よくわかりました」

と、子貢《しこう》は、自分の未熟《みじゅく》な考えを、みんなの前でうかうかと発表した軽率《けいそつ》さを恥《は》じる心と、孔子《こうし》の言葉から得た新たな感激とを、胸の中で交錯《こうさく》させながら、頭《こうべ》を垂《た》れた。

しばらく沈黙がつづいた。

詩を吟《ぎん》ずる声が、どこからか、かすかに流れてきた。子貢《しこう》は、みんなの視線がまだ自分に注《そそ》がれているのを感じて、少し息苦しかったが、詩吟《しぎん》の声に耳を澄《す》ましている間に、ふと一つの記憶が彼の頭によみがえってきた。それは詩経《しきょう》の衛風篇《えいふうへん》に出ている、「切《せつ》するが如《ごと》く、磋《さ》するが如《ごと》く、琢《たく》するが如《ごと》く、磨《ま》するが如《ごと》し」という一句であった。

彼は、これまでこの句を、工匠《こうしょう》が象牙《ぞうげ》や玉を刻《きざ》む時の労苦にたとえて、人格陶冶《とうや》の苦心を謡《うた》ったものだと解《かい》していた。むろんその解釈が誤《あやま》っているというのではない。しかし彼は、この詩の中に含《ふく》まれているたいせつな一点を見逃《みのが》していたのである。それは工匠《こうしょう》の芸術心であった。仕事を楽しむ心であった。労苦の中《うち》に、否《いな》、労苦することその事に、生命の躍動《やくどう》と歓喜とを見いだす心であった。

芸術は手段ではない。同様に求道は処世術《しょせいじゅつ》ではない。工匠が芸術に生きる喜びを持つように、求道者は道そのものを楽しむ心に生きなければならない。彼はこれまで、この詩の中の、工匠の労苦だけからしか教訓を受けていなかった。なんという浅薄《せんぱく》さだったろう。

そう考えると、彼は思わず頭《こうべ》をあげて孔子を見た。そしてなんの作為《さくい》もなく、この詩の一句が、すらすらと彼の喉《のど》をすべり出した。彼はこの時、過去の愚昧《ぐまい》を恥《は》じるよりも、新しい発見のために、心を躍《おど》らしていたのである。

吟《ぎん》じ終わって彼はいった。

「先生のさきほどからのお話は、この詩の心ではございませんか」

孔子《こうし》は満面《まんめん》に微笑《びしょう》をたたえながら答えた。

「子貢《しこう》、いいところに気がついた。それでこそともに詩を談《だん》ずることができるというものじゃ。詩の心には、奥に奥があるのじゃから、あくまで掘《ほ》り下《さ》げていくだけの熱意のある人でなくては、その真髄《しんずい》に達することができないが、君ならそれができそうじゃ」
子貢は、つい誇《ほこ》らしい気持ちになって、うっかり一座を見回《みまわ》そうとしたが、きわどいところで自制した。

1　子《し》いわく、回《かい》やそれ庶《ちか》からんか、しばしば空《むな》し、賜《し》は命《めい》を受けずして貨殖《かしょく》す、億《おもんぱか》ればすなわちしばしば中《あた》ると。（先進《せんしん》篇）
2　子《し》いわく、貧《ひん》にして怨《うら》むことなきは難《かた》く、富《と》みて驕《おご》ることなきは易《やす》しと。（憲問《けんもん》篇）
3　子《し》いわく、賢《けん》なるかな回《かい》や。一箪《いったん》の食《し》、一瓢《いっぴょう》の飲《いん》、陋巷《ろうこう》にあり、人はその憂《ゆう》に堪《た》えず。回《かい》やその楽しみを改《あらた》めず。賢《けん》なるかな回《かい》やと。（雍也《ようや》篇）

瑚《こ》璉《れん》

子《し》、子賤《しせん》をいう。君子《くんし》なるかな、かくのごときの人。魯《ろ》に君子者《くんししゃ》なくんば、これいずくんぞこれを取らん。

――公冶長《こうやちょう》篇

子貢《しこう》問いていわく、賜《し》やいかんと。子《し》いわく、汝《なんじ》は器《うつわ》なりと。いわく、何の器《うつわ》ぞやと。いわく、瑚璉《これん》なりと。

――公冶長《こうやちょう》篇

「子賤《しせん》は君子《くんし》じゃ、あれでこそ真《しん》の君子といえるのじゃ」

孔子《こうし》は、子貢《しこう》の前で、しきりに子賤をほめ出した。

子賤《しせん》は子貢《しこう》より十八歳の後輩《こうはい》である。このごろ魯《ろ》の単父《せんぼ》という地方の代官になったが、いつも琴《こと》を弾《だん》じて堂を下《くだ》らない。それでよく治《おさ》まっている。子賤の前に代官をしていた巫《ふ》馬期《ばき》は、星をいただいて出《い》で星をいただいて帰るというほど骨折《ほねお》ったが、子賤ほどにうまくは治《おさ》まらなかった。

そこで巫馬期《ふばき》が、ある日子賤《しせん》に、

「いったいどこに君の秘訣《ひけつ》があるのだ」

ときくと、子賤《しせん》は、

「私は人を使うが君は自分の力を使う。だから骨ばかり折れるのだ」

と答えた。この答えが世間《せけん》の評判になり、孔子《こうし》の耳にも入った。孔子は子賤《しせん》が若いに似ず、よく徳《とく》をもって治《おさ》め、無為《むい》にして化《か》しているのを知って、心から喜んだのである。

しかし、子貢《しこう》にしてみると、自分の前で若造《わかぞう》の子賤が、そんなふうにほめられるのは、あまりいい気持ちではなかった。彼はそれを自分に対する皮肉《ひにく》のようにも聞いたのである。

(自分は、もう四十の坂を越《こ》してかなりになるのに、まだ一度も孔子にそんなふうなほめ方をされたことがない。どちらかというと、くさされる方が多かったくらいだ)

彼はそう思って、暗い気持ちになった。そして、若いころからの孔子との応対《おうたい》が、つぎつぎに思い出された。

いつのころだったか、彼が孔子に、

「[1]自分が人にされて嫌《いや》なことなら、自分もまた、人に対して、したくないものです」

というと、孔子は言下《げんか》に、

「それはまだまだお前にできることではない」

とけなしつけてしまった。彼はその時のことを思うと、今でも顔から火が出るような気がするのである。

また、ある時、孔子《こうし》は彼に対して、

「[2]お前は学問の上で顔回《がんかい》に勝てる自信があるか」

とたずねた。顔回《がんかい》は、孔子がかねがね自分でも及《およ》ばないといっていたほどの人物だから、その人に比較《ひかく》されるのは、彼としては嬉《うれ》しくないこともなかった。しかし、同時にこれは彼にとって不愉快《ふゆかい》な問いであった。「勝てます」といいきるわけにはむろんいかない。腹の底では、「なあに」という気が十分あるのであるが、それをいえば謙譲《けんじょう》の徳《とく》にそむくことになる。顔回《がんかい》に対して負けないというだけならともかく、孔子にも負けないという意味になるのだから、よけいに始末《しまつ》が悪い。

「[3]仁を行う場合は師《し》にも譲《ゆず》るな」という孔子のかねての教訓もあるが、それとこれとは場合がちがう。で、結局、彼は内心不愉快《ふゆかい》に思いながら、あっさりと謙譲《けんじょう》の徳《とく》を守るよりしかたがなかった。彼は答えた。

「とても私などの及《およ》ぶところではありません。私はやっと一を聞いて二を知るだけですが、顔回《がんかい》は一を聞いて十を知ることができます」

　すると孔子はその答えを予期《よき》してでもいたかのように、

「そうだ、お前は顔回《がんかい》には及ばない。それはお前のいうとおりだ。お前のその正直な答えはいい」

　といった。子貢《しこう》としては、饅頭《まんじゅう》の外皮《かわ》をほめられて餡《あん》をくさされたような気がしてならなかったのである。

　しかし、子貢《しこう》にとってなによりもいやな記憶は、彼が、ある日、しきりに門人《もんじん》たちと人物評をやっていたおり、孔子《こうし》に横合《よこあ》いから、

「[4]子貢は賢い。私にはとても人の批評などしている暇《ひま》がない」

　と、いわれたことである。子貢《しこう》にいわせると、孔子ほど人物評の好きな人も少ない。他の門人《もんじん》たちが人物評をやっていると、ご自身でも一口いわないではおれない性《たち》である。しかるに、自分にだけ、なぜあんな皮肉《ひにく》をいったのだろう。あるいは自分を口舌《こうぜつ》の徒《と》と思っていたのかもしれない。そういえば、孔子はかつて弁論《べんろん》の雄《ゆう》として宰我《さいが》と自分とを挙《あ》げたことがある。弁論の雄などというと、いかにも聞こえがいいが、それは人間をほめる言葉として本質にふれたものではない。いわんや宰我《さいが》は懶《なま》け者《もの》で嘘《うそ》つきだ。彼こそまぎれもな

い口舌《こうぜつ》の徒《と》である。彼と自分とをいっしょにされたのでは、たまったものではない。子貢《しこう》は、そうした以前のことを考えながら、孔子が子賤《しせん》を「君子《くんし》だ、君子だ」とほめるのを聞いていると、ますますいらいらしてきた。

この際《さい》、自分についてもなんとかいってもらいたい。孔子も今では自分の価値を知っていてくれるに相違《そうい》ないのだ。——彼はそう思って膝《ひざ》をもじもじさした。

孔子《こうし》は、しかし、彼の様子《ようす》などにはまるで無頓着《むとんちゃく》なように、下鬚《したひげ》を撫《な》でながら、目を細くして独《ひと》り言《ごと》のようにいった。

「だが子賤《しせん》のようなりっぱな人物が磨《みが》き出されたのも、もともと魯《ろ》に多くの君子《くんし》がいたからじゃ、子賤はいい先輩《せんぱい》や友人を持ってしあわせであった」

子貢《しこう》は目を輝《かがや》かした。彼は衛《えい》の人間ではあるが、子賤《しせん》の先輩《せんぱい》として、その指導にはこれまでかなり力を入れてきたつもりでいる。だから孔子が先輩といったなかには、むろん自分も含《ふく》まれているはずだと思ったのである。しかし、彼はまだなんだか不安だった。はっきり突《つ》きとめてみないうちは、わかったものではない。なにしろ以前が以前だから、という気がした。同時に彼の心の底には、子賤《しせん》などに劣《おと》るものではない、という自信があった。子賤を君子《くんし》とほめるくらいだから、ひょっとすると、孔子は自分に対して、それ以上の賛《さん》辞《じ》を与えるかもしれない、という自惚《うぬぼれ》が、不安のかげに顔をのぞかせていた。

で、とうとう彼はたずねた。

「先生、私についても何か一言《ひとこと》いっていただきたいものでございます」

彼は、いってしまって、孔子がどんな顔をするか心配になった。自分のことにとらわれ過《す》ぎると思われはしないか、それが気になったのである。

しかし孔子《こうし》の顔はきわめて平静《へいせい》だった。そして無造作《むぞうさ》に答えた。

「お前は器《うつわ》じゃ」

子貢《しこう》は自分の耳を疑《うたが》った。「器《うつわ》」という言葉は孔子が人物を批評する場合、これまでもおりおり使った言葉である。それはたいしていい意味のものではなかった。まず「才人《さいじん》」とか、「一芸一能《いちげいいちのう》に秀《ひい》でた人」とかいった程度《ていど》の意味である。「君子は器《うつわ》であってはならない」――そんなことをいって、孔子はよく門人《もんじん》を戒《いまし》めたものである。その「器《うつわ》」が自分に対する批評の言葉として投げられたのだから、子貢《しこう》が案外に思ったのも無理はない。

孔子は、しかし、あくまで平静《へいせい》だった。あたりまえのことを、あたりまえにいったに過《す》ぎない、といったような顔をしていた。

子貢《しこう》はがっかりした。恥《は》ずかしくもあった。一種の憤《いきどお》りをさえ感じた。できれば一刻《いっこく》も早く孔子の前を退《しりぞ》きたいと思った。しかし、また、このまま引きさがるのもきまりが悪いような気がした。彼は進むことも退くこともできずに、蒼《あお》い顔をして孔子の顔を見つめていた。

孔子はやはり平然《へいぜん》としていた。かなり長い沈黙《ちんもく》がつづいた。

子貢《しこう》は、とうとうたまりかねたように膝《ひざ》を乗り出して、どもりながらいった。

「先生、器《うつわ》というのは、な、……なんの器《うつわ》です」

孔子は、子貢《しこう》のただならぬ様子《ようす》に、はじめて気がついたかのように、かすかに眉《まゆ》をひそめた。

しかし、次の瞬間には、彼はもう微笑《びしょう》していた。そしてちょっと考えたあとで、しずかに答えた。

「瑚璉《これん》じゃな」

子貢《しこう》は、「瑚璉《これん》」という言葉を聞くと、不思議《ふしぎ》そうな顔をして、孔子《こうし》をまじまじと見た。瑚璉《これん》は宗廟《そうびょう》を祭《まつ》る時に、供物《くもつ》を盛《も》る器《うつわ》である。玉《ぎょく》などをちりばめた豪華《ごうか》なもので、あらゆる器《うつわ》の中で、もっとも貴重《きちょう》なものとされている。

（瑚璉《これん》、――瑚璉――）

彼は何度も胸の中でくり返してみた。そして、宗廟《そうびょう》の祭壇《さいだん》に燦然《さんぜん》と光っている一つの器《うつわ》を思い浮かべた。

(器《うつわ》の中の器——人材の中の人材——一国の宰相《さいしょう》)

彼の連想は、しだいに輝かしい方に向かっていった。そして、いつの間《ま》にか、宰相《さいしょう》の衣《い》冠《かん》をつけて宗廟《そうびょう》に立っている彼自身の姿を、心に描《えが》いていた。

(瑚璉《これん》とはうまくいったものだ)

彼は一瞬たしかにそう思った。その時、彼の顔はまさに綻《ほころ》びかけていた。

「瑚璉《これん》は大器《たいき》じゃ。しかし、なんといっても器《うつわ》は器じゃ」

さっきから子貢《しこう》の変化をじっと見つめていた孔子《こうし》は、その時、念《ねん》を押《お》すようにいった。

子貢《しこう》は弾《はじ》かれたように全身を動かした。そしてみるみる彼の顔が蒼《あお》ざめていった。

「子貢、なによりも自分を忘れる工夫《くふう》をすることじゃ。自分のことばかりにこだわってい
ては君子《くんし》にはなれない。君子は徳《とく》をもってすべての人の才能を生かしていくが、それは自分を忘れることができるからじゃ。才人《さいじん》は自分の才能を誇《ほこ》る。そしてその才能だけで生きようとする。むろんそれでひとかど世の中のお役にはたつ。しかし自分を役だてるだけで人を役だてることができないから、それはあたかも器《うつわ》のようなものじゃ」

孔子はこのごろになくしんみりとした調子で説《と》き出した。

「それに……」

と、彼は少し間《ま》をおいて、

「[6]年少者だからといって、すべてに自分より後輩《こうはい》だと思ってはならぬ。年少者という者はばかにできないものじゃ。ぐずぐずしているとすぐ追いついてくるのでな。だが……」

と、孔子は沈痛《ちんつう》な顔をして、ふたたび間《ま》をおいた。

「四十、五十になっても、徳《とく》をもって世に聞こえないようでは、もうその人の将来は知れたものじゃ」

そういった孔子の声はふるえていた。

子貢《しこう》は喪心《そうしん》したように、ふらふらと立ち上がった。そして顔に手を当てたかと思うと、息ずすりして泣いた。

孔子《こうし》もその時は目にいっぱい涙をためていた。

1 子貢《しこう》いわく、我《われ》、人のこれを我《われ》に加うることを欲《ほっ》せざるや、吾《われ》もまたこれを人に加うるなからんことを欲《ほっ》すと。子《し》いわく、賜《し》や爾《なんじ》の及《およ》ぶ所にあらざるなりと。（公冶長《こうやちょう》篇）

2 子《し》、子貢《しこう》にいいていわく、女《なんじ》と回《かい》といずれか愈《まさ》れると。対《こた》えていわく、賜《し》や何《なん》ぞあえて回《かい》を望まん。回《かい》や一を聞いて以《もっ》て十を知る。賜《し》や一を聞いて以《もっ》て二を知ると。子《し》いわく、如《し》かざるなり。吾《われ》、女《なんじ》の如《し》かずとするを与《ゆる》すと。（公冶長《こうやちょう》篇）

3 子《し》いわく、仁《じん》に当たりては師《し》に譲《ゆず》らずと。（衛霊公《えいれいこう》篇）

4 子貢《しこう》人を方《たくら》ぶ。子《し》いわく、賜《し》や賢《けん》なるかな。それ我《われ》はすなわち暇《いとま》あらずと。（憲問《けんもん》篇）

5 子《し》いわく、君子《くんし》は器《うつわ》ならずと。（為政《いせい》篇）

6 子《し》いわく、後生畏《こうせいおそ》るべし。いずくんぞ来者《らいしゃ》の今に如《し》かざるを知らんや。四十五十にして聞こゆるなくんば、これまた畏《おそ》るるに足《た》らざるのみと。（子罕《しかん》篇）

伯牛疾《はくぎゅうやまい》あり

伯牛《はくぎゅう》疾《やまい》あり、子《し》これを問い、牖《まど》よりその手を執《と》りていわく、これを亡《うしな》わん、命《めい》なるかな、この人にしてこの疾《やまい》あるや、この人にしてこの疾《やまい》あるやと。
——雍也《ようや》篇

冉伯牛《ぜんはくぎゅう》の病気は、いよいよ癩病《らいびょう》の徴候《ちょうこう》をあらわしてきた。顔も、手も、表面がかさかさになり、全体にむくみあがって、むらさき色がかった肉が、皮膚《ひふ》の下から、今にも渋柿《しぶがき》のようにくずれ出そうである。

このごろは、たずねてくれる友人もほとんどない。彼自身でも、人に顔を見られたくはないので、結局その方が気は楽《らく》だが、一方では、やるせのない寂《さび》しさが、秋の水のように心の底にしみてくる。そして、その寂《さび》しさの奥には、人間に対する呪詛《じゅそ》が、いつもどす黒く渦《うず》を巻《ま》いているのである。

ことに、天気のよい日など、病室の窓から、あまりにも美しい日光が、燦々《さんさん》と木の葉にふり注《そそ》いでいるのを見ると、天地《てんち》ことごとくが、自分に対して無慈悲《むじひ》なように思えてならない。(澄《す》みきった日光の下で、生きながら腐乱《ふらん》していく人間の肉体！　なんという自然の悪意《あくい》だろう。こんな悪意にみちた自然の中で、人間の心だけが、素直《すなお》に育っていこう道《どう》理《り》がない)

彼はすぐそんなことを考えて、目を暗い部屋の隅《すみ》に転ずるのである。

しかし、自分の病気の正体《しょうたい》を知った当座《とうざ》の驚《おどろ》きに比べると、これでも、彼の心は平静《へいせい》に返った方である。その当座は、悲しいとか、怨《うら》めしいとかいうのを通り越《こ》して、なんの判断力もなく、まるでからくり人形のように、家の中をうろつき回ったものである。自殺しようとしたことも、幾度《いくど》となくあった。しかもそれは、あとで考えると、まったく無意識的な発作《ほっさ》に過《す》ぎなかったようである。

かように、ほとんど絶望そのものになりきっていた彼が、ともかくも、悲しんだり、怨《うら》んだりするだけの人間らしさを取りもどしたのは、まったく孔子《こうし》のおかげである。

孔子は、おりおり彼をたずねて来ては、慰《なぐさ》めたり、叱《しか》ったり、いろいろの教訓を与えたりした。しかし、もっとも多く孔子が口にしたのは、いっしょに諸国を遍歴《へんれき》して嘗《な》めた労苦の思い出、とりわけ、陳蔡《ちんさい》の野に飢《う》えたおりのことであった。伯牛《はくぎゅう》にとっては、こうした過去の物語が、なににもましてなつかしかった。単なる慰藉《いしゃ》や、叱責《しっせき》や、教訓などでは、どうにもならなかった彼も、いっしょに旅に出て難儀《なんぎ》をしたころのことが、しみじみと孔子自身の口から語《かた》られたのを聞いていると、しだいに人心地《ひとごこち》がつき、生《せい》への執着《しゅうちゃく》が、水滴《すいてき》のように彼の心の中に滴《したた》り始めるのだった。

それと同時に、彼の理性もそろそろとよみがえってきた。そして、このごろでは、どうしたら悲しみや怨《うら》みに打《う》ち克《か》つことができるのか、どうしたら自分の悪疾《あくしつ》を気にしないで、以前のとおり落ちついた心で道に精進《しょうじん》することができるのか、また、どうしたら生死《せいし》を超《ちょう》越《えつ》することができるのか、そうしたことに心を悩ますまでになったのである。

（[1]自分は、徳行《とっこう》においては、顔淵《がんえん》、閔子騫《びんしけん》、仲弓《ちゅうきゅう》などと並《なら》び称《しょう》せられ、自分でも、内心《ないしん》それを得意《とくい》にしていたものだが、今から考えると、自分の徳行なんか、まるで寄《よ》せ木細工《きざいく》みたいなものに過《す》ぎなかった。その証拠《しょうこ》には、ちょっとした障害にぶっつかると、すぐばらばらに壊《こわ》されてしまうのだ。病気や運命に負けるような徳行が、なんの徳行だ。——

（それにつけても思い出すのは、陳蔡《ちんさい》の野でみんなが苦しんだ時に、先生のいわれた言葉だ。「君子《くんし》はもとより窮《きゅう》することがある。だが、小人《しょうじん》と異《こと》なるところは、窮《きゅう》しても濫《みだ》れないことだ」——（「陳蔡《ちんさい》の野《の》」参照）

と。そうだ、どんな場合にも濫《みだ》れない人であってこそ、真に徳行の人ということができるのだ。しかし、その力はどこから出て来るのか。——

（また、いつだったか、先生は、

「大軍[2]の主将《しゅしょう》といえども、生け捕《いど》りにされないことはない。しかし、微々《びび》たる田夫野人《でんぷやじん》でも、その操守《そうしゅ》を奪《うば》い取ることはできない」

といわれた。なんというすばらしい言葉だろう。病気ぐらいでとりみだしている自分の心が恥《は》ずかしい。しかし、その堅固《けんご》な操守《そうしゅ》の根本の力となるものはなんだ。自分にはそれがわからないのだ。自分はこれまで、そうした根本的なものをつかむことを怠《おこた》って、ただ先生や先輩《せんぱい》の言動《げんどう》だけを、形式的にまねていたに過《す》ぎなかったのではなかったか。——）

　こうした反省をつづけている間の彼は、さほど不幸ではなかった。考えの解決はつかなくても、やはり彼の心には、人間らしいある明るさがあった。少なくとも、その間だけは、腐乱《ふらん》していく自分の肉体を忘れることができた。しかし、からだを動かした拍子《ひょうし》に、痛《いた》みで皮膚《ひふ》の感覚が、目をさますと、彼はすぐ自分の手を見つめた。それから、その手をそっと顔に当てて、指先《ゆびさき》で、用心ぶかく眉《まゆ》や鼻のあたりを探《さぐ》った。そして、そのあとで彼の心を支配するものは、いつも戦慄《せんりつ》と、委縮《いしゅく》と、猜疑《さいぎ》と呪詛《じゅそ》とであった。

どうしたわけか、今日《きょう》はとりわけ朝から彼の心が落ちつかない。友人たちに対する邪推《じゃすい》が、それからそれへと深まっていく。

[3](みんなが寄りつかないのは、きっと自分の病気をこわがっているからだ。そのくせ、病人の気持ちを察《さっ》して、などと、いかにも思いやりのあるようなことを、おたがいにいいあっているのだろう。あいつらには、先生のいつもおっしゃる「恕」とか、「己《おのれ》の欲《ほっ》せざるところを人に施《ほどこ》してはならない」とかいうことが、おそらく、こんな時だけ役にたつのだ)

そんな皮肉《ひにく》な考えが、自然に彼の頭に浮かんでくる。そして、そのあげくには、孔子《こうし》だって、本音《ほんね》を洗《あら》ってみたら、どんなものだかしれたものではない、といったようなことまで考える。

(そういえば、先生も、もうそろそろ一ヵ月ちかくも顔を見せられない。考えてみると、自分の顔全体が変《へん》にくずれ出したのは、この前お会いしたころからのことだ。いよいよ先生も逃《に》げ腰《ごし》だな。——

[4]「冬になってみると、どれがほんとうの常磐樹《ときわぎ》だかわかる。ふだんは、どの木も一様《いちよう》に青い色をしているが」

などと、よく先生はしかつめらしい顔をしていっておられたものだが、さて先生ご自身は、はたしてその常盤樹《ときわぎ》といえるかな。聖人《せいじん》といわれるほどの正体《しょうたい》も、今度《こんど》という今度は、はっきりわかるわけだ。それも、自分がこんな病気になったおかげかもしれない）

伯牛《はくぎゅう》は、眉《まゆ》も睫毛《まつげ》もない、むくんだ顔を、気味悪《きみわる》くゆがめて、皮肉《ひにく》な笑いをもらしたが、笑ったあとで、たまらなく不愉快《ふゆかい》な気持ちになった。なんだか、孔子という人間一人の化《ば》けの皮《かわ》をはぐために、自分が犠牲《ぎせい》にでもなっているような気がしてならなかったのである。

（孔子一人のために、これまでも、われわれはどれほど苦しんできたことだろう。それに、こんな病気にまでなって、その正体《しょうたい》を見きわめなければならないのか。孔子《こうし》という人間は、それほど人に犠牲《ぎせい》を要求する価値のある人間なのか）

彼は、そんなとんでもないことまで考えて、まるで気でも狂ったようになっていた。

「先生がお見舞《みま》いくださいました」

と、その時、だしぬけに召使《めしつかい》が戸口《とぐち》に立っていった。

伯牛《はくぎゅう》はぎくりとした。そして、悪夢《あくむ》からさめたあとのように、しばらく天井《てんじょう》を凝視《ぎょうし》した。それから、急にあわてて、いったんは臥床《ねどこ》の上に起き上がったが、すぐまた横になって、頭からすっぽりと夜着《よぎ》をかぶってしまった。夜着《よぎ》は肩《かた》のあたりでかすかにふるえていた。

「こちらにお通しいたしましても、よろしゅうございましょうか」

召使《めしつかい》は、一歩臥床《ねどこ》に近づきながらいった。

返事がない。

召使《めしつかい》は、しばらく首をかしげて思案《しあん》していたが、ひとりでなにかうなずきながら、そのまま部屋を出て、しずかに戸をしめた。
五、六分が過《す》ぎた。その間伯牛《はくぎゅう》は、夜着《よぎ》の下でふるえつづけていた。すると、だしぬけに窓の外から孔子の声が聞こえた。
「伯牛《はくぎゅう》、わしは強《し》いてお前の顔を見ようとはいわぬ。せめて声だけでも聞きたいと思って、久々《ひさびさ》でやって来たのじゃ」

「………」

「このごろぐあいはどうじゃ。やはりすぐれないかの。だが、心だけは安《やす》らかに持つがいい。心が安らかでないのは、君子の恥《はじ》じゃ」

「先生、お……お……お許しを願います」

伯牛《はくぎゅう》は、むせぶように夜着《よぎ》の中からいった。

「いや、そのままでけっこうじゃ。お前の気持ちは、わしにもよくわかる。人に不快な思いをさせまいとするその気持ちは、正しいとさえいえるのじゃ。しかし、……」

と、孔子《こうし》はちょっと間《ま》をおいて、

「万一にも、お前がその病気を恥《は》じて、顔をかくしているとすると、それは正しいとはいえない。お前の病気は天命《てんめい》じゃ。天命は天命のままに受け取って、しずかに忍従《にんじゅう》するところに道がある。しかも、それこそ大きな道じゃ。そして、その道を歩《あゆ》む者のみが、真《しん》に、知仁勇《ちじんゆう》の徳《とく》を完成して、惑《まど》いも、憂《うれ》いも、懼《おそ》れもない心境《しんきょう》を開拓《かいたく》することができるのじゃ」

伯牛《はくぎゅう》は嗚咽《おえつ》した。その声は、窓の外に立っている孔子の耳にも、はっきり聞こえた。

「伯牛《はくぎゅう》、手をお出し」

孔子は、そういって、自分の右手を窓からぐっと突き入れた。彼の顔は、窓枠《まどわく》の上に隠れて、内側《うちがわ》からはちっとも見えない。

伯牛《はくぎゅう》の、象《ぞう》の皮膚《ひふ》のようにざらざらした手が、おびえるように、夜着《よぎ》の中からそろそろとのぞき出た。孔子《こうし》の手は、いつの間《ま》にか、それをしっかり握《にぎ》っていた。

夜着《よぎ》の中からは、ふたたび絶《た》え入《い》るような嗚咽《おえつ》の声がきこえた。

「伯牛、おたがいに世を終わるのも、そう遠くはあるまい。くれぐれも心を安《やす》らかに持ちたいものじゃ」

孔子は、そういって、伯牛の手を放すと、しずかに歩《ほ》を移して門外《もんがい》に出た。そして、いくたびか従者《じゅうしゃ》をかえりみて嘆息《たんそく》した。

「天命《てんめい》じゃ。天命じゃ。しかし、あれほどの人物が、こんな病気にかかるとは、なんというむごたらしいことだろう」

伯牛《はくぎゅう》が、雨にぬれた毒茸《どくきのこ》のような顔を、そっと夜着《よぎ》から出したのは、それから小半時《こはんとき》もたってからのことであった。彼は、全身ににじんだ汗《あせ》を、用心深くふきとりながら、臥床《ねどこ》の上にすわった。悔恨《かいこん》の心の底に、なにかしら、すがすがしいものが流れているのを、彼は感じていた。

「[6]朝に道を聞けば、夕《ゆう》べに死んでも悔《く》いはない」といった、かつての孔子の意義ふかい言葉が、しみじみと思い出された。

(永遠は現在の一瞬にある。刻下《こくか》に道に生きる心こそ、生死《せいし》を乗りこえて永遠に生きる心なのだ)

彼はそう思った。

(天命、——そうだ。いっさいは天命だ。病《や》める者も、健《すこ》やかなる者も、おしなべて一つの大いなる天命に抱《いだ》かれて生きている。天は全一《ぜんいつ》だ。天の心には自他《じた》の区別はない。いわんや悪意《あくい》をやだ。天はただその歩《あゆ》むべき道をひたすらに歩むのだ。そして、この天命を深

くかみしめる者のみが、刻下《こくか》に道に生きることができるのだ）
彼は孔子《こうし》の心を、今こそはっきりと知ることができた。そして、さっき孔子に握《にぎ》りしめられた自分の手を、いつまでもいつまでも、見つめていた。
彼の心は無限に静かで、明るかった。彼にはもう、自分の肉体の醜《みにく》さを恥《は》じる気持ちなど、微塵《みじん》も残っていなかった。彼は、いつ死んでもいいような気にすらなって、恍惚《こうこつ》として褥《しとね》の上にすわっていた。

---

1 子《し》いわく、我《われ》に陳祭《ちんさい》に従いし者は、皆門《みなもん》に及《およ》ばざるなり。徳行《とっこう》には顔淵《がんえん》・閔子騫《びんしけん》・冉伯牛《ぜんはくぎゅう》・仲弓《ちゅうきゅう》、言語《げんご》には宰我《さいが》・子貢《しこう》、政事《せいじ》には冉有《ぜんゆう》・李路《きろ》、文学には子游《しゆう》・子夏《しか》と。（先進《せんしん》篇）

2 子《し》いわく、三軍も帥《すい》を奪《うば》うべきなり。匹夫《ひっぷ》も志《こころざし》を奪うべからざるなりと。（子罕《しかん》篇）

3 子貢《しこう》問いていわく、一言《いちげん》にして終身《しゅうしん》これを行うべき者ありやと。子《し》いわく、それ恕《じょ》か、己《おのれ》の欲《ほっ》せざる所は人に施《ほどこ》すことなかれと。（衛霊公《えいれいこう》篇）

4 子《し》いわく、歳《とし》寒くしてしかる後《のち》に、松柏《しょうはく》の後《おく》れて凋《しぼ》むを知るなりと。（子罕《しかん》篇）

5 子《し》いわく、知者《ちしゃ》は惑《まど》わず、仁者《じんしゃ》は憂《うれ》えず、勇者《ゆうしゃ》は懼《おそ》れずと。（子罕《しかん》篇）

6 子《し》いわく、朝《あした》に道を聞かば、夕《ゆうべ》に死すとも可《か》なりと。（里仁《りじん》篇）

志《こころざし》をいう

顔淵季路《がんえんきろ》侍《じ》す。子《し》いわく、盍《なん》ぞ各々爾《おのおのなんじ》の志《こころざし》をいわざると。子路《しろ》いわく、願わくは車馬衣軽裘《しゃばいけいきゅう》、朋友《ほうゆう》と共《とも》にし、これを敝《やぶ》りて憾《うら》みなからんと。子路《しろ》いわく、願わくは子《し》の志《こころざし》を聞かんと。子《し》いわく、老者《ろうしゃ》はこれを安《やす》んじ、朋友《ほうゆう》はこれを信じ、少者《しょうしゃ》はこれを懐《なつ》けんと。

――公冶長《こうやちょう》篇

ある日の夕方、孔子《こうし》は、多くの門人《もんじん》たちが帰ったあとで、顔淵《がんえん》と子路《しろ》の二人を相手に、うちくつろいで話していた。

孔子は顔淵《がんえん》をこの上もなく愛していた。それは、顔淵が、孔子の片言隻句《へんげんせっく》からでも深い意味をさぐり出して、それを事実上に錬磨《れんま》することを怠《おこた》らなかったからである。顔淵は、実に、一を聞いて十を知る明敏《めいびん》な頭脳《ずのう》の持《も》ち主《ぬし》であった。だが、孔子の心をひきつけたのは、彼の頭脳ではなくて、その心の敬虔《けいけん》さであった。顔淵のこの心こそは、真《しん》に人生の宝《ほう》玉《ぎょく》である、と孔子はいつも思っていたのである。

子路《しろ》もまた孔子《こうし》の愛弟子《まなでし》の一人であった。彼は、孔子の門人《もんじん》の中での最年長者《さいねんちょうしゃ》であり、孔子と年がわずか九つしかちがっていなかったが、心はだれよりも若かった。そして、その青年らしい、はちきれるような元気が、いつも孔子をほほ笑《え》ましていた。けれども、その愛は、顔淵《がんえん》に対する愛とは、まるで趣《おもむき》のちがった愛であった。孔子は、顔淵に対しては、ほとんど真理そのものに対する愛、といったようなものを感じていたが、子路《しろ》に対しては、そうはいかなかった。

孔子は、子路《しろ》について、たえず深い憂《うれ》いを抱《いだ》いていた。それは、子路が、いつもその自負心《じふしん》のゆえに、浅《あさ》っぽくものを見る癖《くせ》があったからである。彼は、道を実行する勇猛心《ゆうもうしん》においては、門人《もんじん》たちのだれにも劣《おと》らなかったが、その実行しようとする道は、いつも、第二義、第三義的なものになりがちであった。そして、ややもすると、彼は、みずから正義を行っていると信じて、かえってまっしぐらに、反対の方向に進んでいくことすらあった。元気者であり、実行力が強いだけに、彼のそうした危険も、いっそう大きかったのである。

こんなわけで、孔子は、子路《しろ》の元気なところを見ていると、いつも微笑《びしょう》せずにはおれなかったが、その微笑は、そう長くはつづかなかった。微笑のあとには、きまって、深い寂《さび》しさが彼の胸をいっぱいにするのだった。

ことに、今日《きょう》こうして、淡《あわ》い夕暮《ゆうぐ》れの光のなかで、顔淵《がんえん》と子路《しろ》の二人だけを相手にしてすわっていると、顔淵の病弱なからだに比べて、子路がいかにも豪壮《ごうそう》な様子《ようす》をしているにかかわらず、孔子《こうし》の目には、子路が見すぼらしく、空《から》っぽに見えて仕方がなかった。で、今日《きょう》は一つ、しんみりと子路を反省させるように仕向けてみたい、と思ったのである。

子路《しろ》を反省させるには、実際、こんないい機会はめったに見つからなかった。自負心《じふしん》の強い子路は、たくさんの門人《もんじん》たち、ことに彼が、学問において自分よりも後輩《こうはい》だ、と思っている門人たちのなかで、孔子に真正面《ましょうめん》から訓戒《くんかい》されることは、その堪《た》えられないところであった。また、かりに遠まわしに諭《さと》されて、それが自分に対する諷刺《ふうし》だとわかったとしても、彼はおそらく、それは自分にかかわりのないことだ、といったような顔つきをして、その場をごまかしてしまったであろう。それほど彼の自負心は強かったのである。

けれども、彼のこの自負心も、顔淵《がんえん》に対してだけは、さほどに強くは働かなかった。顔淵は、だれに対してもそうであったが、年上《としうえ》の子路《しろ》に対しては、特に徹底《てってい》して謙遜《けんそん》であった。時としては、子路《しろ》のいった言葉を、子路自身で考えていた以上に、深い意味に解《かい》して、こころから子路に頭を下《さ》げるようなこともあった。そんな時には、さすがの子路も、いくぶん面映《おもは》ゆく感じたが、顔淵《がんえん》が自分を高く買ってくれるのを、心ひそかに悦《よろこ》ばずにはおれなかった。

こんなふうで、子路《しろ》は顔淵《がんえん》に対して、ふだんから一種の気安《きやす》さと、親しみとを感じていたのである。で、顔淵《がんえん》の前だけでなら、孔子《こうし》に少しぐらいなにかいわれても、さほどに苦《く》痛《つう》には感じないらしかった。それを孔子もよくのみこんでいたのである。

孔子としては、子路《しろ》のそうした心境《しんきょう》を、悲しく思わないわけではなかったが、子路を諭《さと》す機会としては、やはりほかに人がいない方がいいと思ったのである。それでも孔子は、けっして子路を真正面《ましょうめん》からたたきつけるようなことはしなかった。彼は子路だけにものをいう代《か》わりに、二人に向かってそれとなく話しかけた。

「どうじゃ、今日《きょう》はひとつ、めいめいの理想といったようなものを話しあってみたら」

この言葉を聞くと、子路《しろ》は目を輝《かがや》かし、からだを乗り出して、すぐに口をきろうとした。

孔子はそれに気がついたが、わざと目をそらして、顔淵《がんえん》の方を見た。

顔淵《がんえん》は、ただしずかに目を閉《と》じていた。彼は、自分の心の奥底《おくそこ》に、なにかを探《さぐ》り求めているかのようであった。

子路《しろ》は、自分にものをいう機会を与えなかった孔子の心を解《げ》しかねた。そして、いささ

か不平らしく、

「先生！」

と呼びかけた。で、孔子も仕方なしに、また子路《しろ》の方をふり向いた。

「先生、私は、私が政治の要職につき、馬車に乗ったり、毛皮の着物を着たりする身分になっても、友人とともにそれに乗り、友人とともにそれを着て、たとい友人がそれらをいためても、うらむことのないようにありたいものだと存じます」

孔子《こうし》は、子路《しろ》が物欲《ぶつよく》に超越《ちょうえつ》したようなことをいいながら、その前提《ぜんてい》に自分の立身出世《りっしんしゅっせ》を置き、友人を自分以下に見ている気持ちに、ひどく不満を感じた。そして、促《うなが》すように、ふたたび顔淵《がんえん》の顔を見た。

顔淵《がんえん》は、いつものような謙遜《けんそん》な態度で、子路《しろ》のいうことに耳を傾《かたむ》けていたが、もう一度、自分の心を探《さぐ》るかのように目を閉《と》じてから、しずかに口を開いた。

「私は、善《ぜん》に誇《ほこ》らず、労《ろう》を衒《てら》わず、自分の為《な》すべきことを、ただただ真心《まごころ》をこめてやってみたいと思うだけです」

孔子は、軽くうなずきながら顔淵《がんえん》の言葉を聞いていた。そして、それが子路《しろ》にどう響《ひび》いたかを見るために、もう一度子路《しろ》を顧《かえり》みた。

子路は、顔淵《がんえん》の言葉に、なにかしら深いところがあるように思った。そして自分の述べた理想は、それに比べると、いかにも上《うわ》すべりのしたものであることに気がついて、いささか恥《は》ずかしくなった。が、悲しいことには、彼の自負心《じふしん》が、同時に首をもたげた。そして、彼はそっと顔淵《がんえん》の顔をのぞいて見た。顔淵は、しかし、いつもと同じように、つつましくすわっているだけで、子路が述べた理想を嘲《あざけ》っているようなふうなど、微塵《みじん》もなかった。子路はそれでひとまずほっとした。

けれども、子路《しろ》としては、孔子《こうし》がどう思っているかが、もっと心配であった。そして、一種の気味悪さを感じながら、孔子の言葉を待った。孔子は、しかし、じっと彼の顔を見つめているだけで、なんともいわなかった。

かなり長い間、沈黙がつづいた。子路《しろ》にとっては、それは息づまるような時間であった。彼は目を落として、孔子の膝《ひざ》のあたりを見たが、やはり孔子の視線が自分の額《ひたい》のあたりに落ちているのを感じないわけにはいかなかった。彼は少しいらいらしてきた。そして、顔《がん》淵《えん》までがおし黙《だま》って、つつましく控《ひか》えているのが、いっそう彼の神経を刺激《しげき》した。彼は顔淵に対して、これまでにない腹立《はらだ》たしさを感じたのである。で、とうとう彼はたえきれなくなって、詰《つ》めよるように孔子にいった。

「先生、どうか先生のご理想も承《うけたまわ》らしていただきたいと存じます」

孔子は、子路《しろ》が顔淵《がんえん》に対してすらも、その浅薄《あさはか》な自負心《じふしん》を捨てきらないのを見て、暗然《あんぜん》となった。そして、深い憐憫《れんびん》の目を子路《しろ》に投げかけながら、答えた。

「わしかい、わしは、老人たちの心を安《やす》らかにしたい、朋友《ほうゆう》とは信をもって交《まじ》わりたい、年少者《ねんしょうしゃ》には親しまれたいと、ただそれだけを願っているのじゃ」

この言葉を聞いて、子路《しろ》は、そのあまりに平凡《へいぼん》なのに、きょとんとした。そして、それに比べると、自分のいったこともまんざらではないぞ、と思った。彼のいらいらした気分は、それですっかり消えてしまった。

これに反して、顔淵《がんえん》のしずかであった顔は、うすく紅潮《こうちょう》してきた。彼は、これまで幾度《いくど》も、今度こそは孔子の境地《きょうち》に追いつくことができたぞ、と思った瞬間に、いつも、するりと身をかわされるような気がしたが、この時もまたそうであった。彼は、自分が依然《いぜん》として自分というものにとらわれていることに気がついた。

先生は、ただ老者《ろうしゃ》と、朋友《ほうゆう》と、年少者《ねんしょうしゃ》とのことだけを考えていられる。それらを基準にして、自分を規制していこうとされるのが先生の道だ。自分の善《ぜん》を誇《ほこ》らないとか、自分の労を衒《てら》わないとかいうことは、要するに自分を中心にした考え方だ。しかもそれは頭でひねりまわした理屈《りくつ》ではないか。自分たちの周囲には、いつも老者と、朋友と、年少者とがいる。人間は、この現実に対して、ただなすべきことをなしていけばいいのだ。自分にとらわれないところに、誇《ほこ》るも衒《てら》うもない。——彼はそう思って、孔子《こうし》の前に首《こうべ》をたれた。

孔子は、自分の言葉が、自分の予期以上に顔淵《がんえん》の心に響《ひび》いたのを見て取って、いい知れぬ悦《よろこ》びを感じた。けれども、かんじんの子路《しろ》が、なんの得るところもなく、相変《あいか》わらず浅《あさ》薄《はか》な自負心《じふしん》に災《わざわ》いされているのを見ては、ますます心を暗くせずにはおれなかった。彼はその夜、寝床《ねどこ》に入ってからも、子路《しろ》のためにいろいろと心を砕《くだ》いた。

子路《しろ》の舌

子路《しろ》、子羔《しこう》をして費《ひ》の宰《さい》たらしむ。子《し》いわく、かの人の子を賊《そこな》うと。子路《しろ》いわく、民人《みんじん》あり、社稷《しゃしょく》あり、何ぞ必ずしも書を読みて、しかる後に学びたりと為《な》さんやと。子《し》いわく、この故《ゆえ》にかの佞者《ねいしゃ》を悪《にく》むと。

——先進《せんしん》篇

子路《しろ》は、季氏《きし》に仕《つか》えて、一時はかなり幅《はば》をきかしていた。彼は人に頼《たの》まれると、例の親分肌《おやぶんはだ》を発揮《はっき》して、よくいろんな人を採用したものだが、子羔《しこう》を費邑《ひゆう》の代官に任命したのも、そのころのことである。

費《ひ》は季氏《きし》の領内でも難治《なんじ》の邑《むら》として知られ、閔子騫《びんしけん》などのような優《すぐ》れた人物でも、完全には治《おさ》めかねたところである。しかるに子羔《しこう》は、まだ年は若いし、学問は生《なま》だし、人物も、性質も悪くはないが、少しのろまだし、どう見てもそんな難治の地方で、代官など勤《つと》まるがらではなかった。

このことを知って、だれよりも心配したのは孔子《こうし》であった。

(子路《しろ》にも困ったものだ。向こう見ずにもほどがある。なにかとちがって、人事《じんじ》だけは慎重《ちょう》にやってもらわないと、政治の根本が壊《こわ》れる。それに、第一本人の子羔《しこう》がかわいそうだ。自分では出世《しゅっせ》をしたつもりで、喜んでいるかもしれないが、おそらく彼の前途《ぜんと》もこれでだめになるだろう。愚《おろ》かな者は愚かなりで、ぼつぼつやらせておく方が、かえって本人のためになるのだが)

子路《しろ》は、しかし、孔子《こうし》が自分を非難《ひなん》していようなどとは夢にも思っていなかった。彼は、孔子の門人《もんじん》を一人でも多く世に出してやることに、大きな誇《ほこ》りをさえ感じていた。彼の考えでは、それが孔子の教えを広めるにもっとも効果の多い方法であり、そして孔子を喜ばす最善の道だったのである。で、彼はある日、得々《とくとく》として孔子の門をたたき、子羔《しこう》を採用したことを報告した。

ところが、孔子はただ一語、

「それは人の子を賊《そこな》うというものじゃ」

といったきり、じっと子路《しろ》の顔を見つめた。

子路はめんくらった。彼はこれまで、門人《もんじん》たちのうちでも、もっとも多く孔子に叱《しか》られてきた一人ではあるが、いまだかつて、こんなにだしぬけに、しかも、こんなにぶっきらぼうな言葉をもって、あしらわれた覚えがなかった。彼は、目をぱちくりさせながら、孔子はなにか思い違いをしているのではないか、と考えた。で、もう一度彼は、

「このたび、子羔《しこう》を費邑《ひゆう》の代官に登用《とうよう》することができました」

と、できるだけゆっくり報告した。

「わかっている」

孔子《こうし》は、眉《まゆ》ひとつ動かさず、子路《しろ》を見つめたまま答えた。

子路は、これはいけない、先生は今日《きょう》はどうかしている、と思った。しかし、子羔《しこう》を用いたのが悪かったとは、まだ夢にも思っていなかった。で、彼は軽く頭を下《さ》げながら、

「また一人、同志《どうし》を官界《かんかい》に出すことができました。道のために喜ばしく存じます」

「人の子を賊《そこな》うのは道ではない」

孔子の視線は依然《いぜん》として動かなかった。

子路《しろ》は、この時はじめて、「しまった」と思った。孔子の機嫌《きげん》を損《そん》じている理由に、やっと気がついたのである。しかし、あっさり自分の過失を謝《あやま》ることのできないのが、彼の悪い癖《くせ》だった。それに、第一、彼は、のろまだという定評《ていひょう》のある子羔《しこう》を自分が知らないで用

いた、と孔子に思われるのが辛《つら》かった。

(自分に人物を見る明《めい》がないのではない。子羔《しこう》の人となりぐらいは、自分にもよくわかっている。わかっていて彼を用いたのには、理由があるのだ)

そう孔子《こうし》に思わせたかったのである。

「子羔《しこう》のためにならないことをした、とおっしゃるのですか」

彼はつとめて平気《へいき》を装《よそお》いながらたずねた。

「君はそうは思わないのか」

孔子の態度《たいど》は、あくまでも厳然《げんぜん》としている。

「むろん、子羔《しこう》には少し荷《に》が勝ちすぎるとは思っていますが……」

「少しぐらいではない、彼はまだ無学《むがく》も同然じゃ」

「ですから、実地《じっち》について学問をさせたいと思うのです」

「実地について?」

「そうです、本を読むばかりが学問ではありません」

子路《しろ》は、とっさに、孔子がいつも自分たちにいっていることを、そのまま応用した。

孔子は、それを聞くと、すぐ目をそらして、妙《みょう》に顔をゆがめた。子路《しろ》は、しかし、孔子の表情をこまかに観察する余裕《ゆとり》を持たなかった。彼はやっと孔子の凝視《ぎょうし》から逃《のが》れることができて、やれやれと思った。とたんに彼の口は非常に滑《なめ》らかになった。

「費《ひ》には、治《おさ》むべき人民がおります。祭《まつ》るべき神々の社《やしろ》があります。そして、民《たみ》を治《おさ》め、神神を祭ることこそ、なによりの生きた学問であります。真《しん》の学問は体験に即《そく》したものでなければならない、とは常《つね》に先生にお聞きしたことでありますが、特に、子羔《しこう》のように、古書《こしょ》について学問をする力の乏《とぼ》しい者は、一日も早く実務につかせる方がよろしいかと存じます。だれだって、実務を目の前に控《ひか》えて、ぐずぐずしてはおれませんから」

子路《しろ》は、一気《いっき》にしゃべりつづけた。そして自分ながら、とっさに孔子《こうし》自身の持論《じろん》を応用して、それを自分の言葉で巧《たく》みに表現することのできたのを得意《とくい》に感じながら、孔子の返事をまった。

孔子は、しかし、そっぽを向いたきり、ものをいわなかった。彼はじっと目を閉《と》じて、なにか思案《しあん》するようなふうであった。

子路《しろ》の目には、妙《みょう》にそれが痛々《いたいた》しかった。自分の言葉が、図星《ずぼし》に中《あた》りすぎて、さすがに先生も困っておられるな、と思った。彼はなんとかその場《ば》を繕《つくろ》わなければならないと思ったが、残念ながら、そんな場合の技巧《ぎこう》は、彼の得意とするところではなかった。で、彼も丸太《まるた》のようにおし黙《だま》っていた。

そのうちに、彼はしだいに孔子の沈黙《ちんもく》が恐ろしくなり出した。孔子の沈黙は、いつもただごとではなかったからである。彼は孔子の横顔をぬすみ見ながら、そろそろ自分を反省しはじめた。

(自分は、今先生にいったとおりのことを、ほんとうに信じているのか)

いや!と、彼は即座《そくざ》に自分に答えざるを得なかった。

(子羔《しこう》のためにならないのは、先生の言葉をまつまでもなく、知れきったことだ。すると、自分は、いったいだれのために彼を採用したのだ? むろん費《ひ》の人民のためではない。子《し》羔《こう》自身のためでもなく、費《ひ》のためでもないとすると――)

彼はここまで考えてきて、もう孔子《こうし》の前にいたたまれなくなった。なんとか機会をとらえて逃げ出す工夫《くふう》はないものか、と考えた。向こう見ずの彼だけに、いったん反省し出すと、矢《や》も楯《たて》もたまらないほど恥《は》ずかしくなるのであった。

その時、孔子の顔が動いた。子路《しろ》にはそれが電光《でんこう》のように感じられた。孔子の声は、しかし、ゆったりと流れた。

「私は[1]、議論がりっぱだというだけで、その人を信ずるわけにはいかない。なぜなら、真《しん》に道を行わんとする人であるか、表面だけを飾《かざ》っている人であるかは、それだけでは判断がつかないからじゃ。われわれは、正面からの反対のできない道理で飾られた悪行《あっこう》、というもののあることを知らなければならない。己《おのれ》の善を行わんがために、人を賊《そこな》うのがその一つじゃ。そんな行いをする人は、いつもりっぱな道理を持ち合わせている。そして私は、――」

ここで孔子は、いちだんと声を励《はげ》ました。

「その道理を巧《たく》みに述べたてる舌を持っている人を、心からにくむのじゃ」

子路《しろ》は、喪心《そうしん》したようになって、孔子《こうし》の門を辞《じ》した。彼が、体験に即《そく》した学問というもののほんとうの意味を、はっきり理解し得たのは、それ以後のことだといわれている。

1　子《し》いわく、論《ろん》の篤《あつ》きにのみこれ与《くみ》せば、君子者《くんししゃ》か、色荘者《しきそうしゃ》かと。（先進篇《せんしん》）

自《みずか》らを限る者

冉求《ぜんきゅう》いわく、子《し》の道を説《よろこ》ばざるにあらず、力足《た》らざればなりと。子《し》いわく、力足らざる者は中道《ちゅうどう》にして廃《はい》す、今女《なんじ》は画《かぎ》れりと。

――雍也《ようや》篇

「冉求《ぜんきゅう》はこのごろどうしたのじゃ。さっぱり元気がないようじゃが」

孔子《こうし》にそういわれるほど、実際、冉求《ぜんきゅう》はこの一、二ヵ月弱りきった顔をしている。別に身体《からだ》に故障《こしょう》があるのではない。ただひどく気分が引き立たないのである。

彼が孔子の門にはいったのは、表面はとにかく、内心では、いい仕官の口を得たいためであった。仕官をするには、ひととおり詩書礼楽《ししょれいがく》に通じなければならない。そして、その方面にかけての第一人者は、なんといっても孔子である。孔子の門にさえはいっていれば、ともかく一人前の人間に仕立ててもらえるだろうし、それに仕官の手《て》づるだって、きっと得やすいにちがいない。そう思って、彼はせっせと勉強しつづけていたのである。

ところが、しばらく教えをうけているうちに、彼は一つの疑問にぶっつかった。それは孔子の学問が、最初自分の考えていたのとちがって、なんだか実用に適しないように思えることであった。なるほど孔子《こうし》は、いつも理論よりも実行を尊《とうと》ばれる。それはよくわかる。よくわかるが、その実行というのが、非常に世間ばなれしたもので、忠実にそれを守っていたら、実生活の敗北者《はいぼくしゃ》になりそうなことばかりである。客観性を持たない真理は、要するに空想に過《す》ぎないのではないか。自分は美しい空想を求めて入門したのではない。もっと生活に即《そく》した、実現性のある教えがほしい。

それに、こんな夢のようなことばかり教わって、ぐずぐずしていたのでは、仕官の機会がいつ来るのか、わかったものではない。そういえば、孔子は、われわれ門人《もんじん》のために、仕官について、ちっとも積極的に働いてくれてはいないようだ。[1]「自分にそれだけの力さえあれば、なにも世間に名前の知れないのを心配することはない」などとよくいわれるが、今の時代にずいぶん迂遠《うえん》な話だ。むやみと押し売りするわけにもいくまいが、ちっとはわれわれの気持ちを察《さっ》して、なんとかわれわれの評判が立つようにしてもらいたいものだ。

とにかく今のままではおもしろくない。顔回《がんかい》など、ばか正直《しょうじき》に孔子の一言一行を学んで、喜んでいるようだが、あんなに身体が弱くて、どうせ忙《いそが》しい政治家などになれない人は、あんなふうにでもして、自《みずか》ら慰《なぐさ》めるより仕方があるまい。だが、われわれと顔回《がんかい》とを同一視して、彼のまねさえしていれば、それでいいようなふうにいわれるのは、少々心得がたい。なるほど顔回《がんかい》は、あんなふうだから、個人的な徳行《とっこう》の点では、優《すぐ》れているのかもしれない。しかし、政治には、子路《しろ》のような蛮勇《ばんゆう》も要《い》れば、子貢《しこう》のような華《はな》やかさも要《い》る。そうだれも彼も同じ調子でいくものではない。個性を無視して、なんの教育だ、なんの道だ。

彼は、そんな不平を抱《いだ》いて、長いこと過《す》ごして来た。そして、幾度《いくど》となく、いろんな理《り》屈《くつ》をこねまわして、孔子《こうし》にぶっつかってみた。しかし、ぶっつかってみると、いつも造作《ぞうさ》なく孔子にやりこめられてしまった。やりこめられたというよりは、軽々《かるがる》と抱《だ》き上《あ》げられて、ぽんとやさしく頭を打たれたような気がするのだった。そのたびごとに彼は拍子《ひょうし》ぬけがした。そして、そのあとには、変《へん》にさびしい気持ちが、彼の心を支配するのだった。

日がたつにつれて、彼は、孔子があまりによく門人《もんじん》たちの心を知っているのに驚いた。彼自身、どれほどうまく言葉を繕《つくろ》ってみても、孔子はいつも先回《さきまわ》りして、彼の前に立ちふさがっていた。個性を無視するどころではない。一人一人の病気をよく知りぬいていてまるで魔術のように急所を押さえてしまう。しかもその急所の押さえ方は、けっしてその場《ば》の思いつきではない。孔子の心のどこかに、一つの精妙《せいみょう》な機械が据《す》えつけてあって、そこから時と場合とに応じて、自由自在にいろんな手が飛び出してくるように思える。「道はただ一つだ」とは、よく聞かされた言葉だが、おそらくそれが孔子のつかんでいる道なのだろう。しかし、その正体《しょうたい》はわからない。それは「仁《じん》」だというものもある。「忠《ちゅう》恕《じょ》」だというものもある。言葉ではなんとでもいえるだろうが、その心持ちを実感的に味わうことは容易でない。しかも、それこそ孔子《こうし》が、生きた日々の事象《じしょう》を取りさばいていく力なのだ。けっしてそれは、自分が以前に考えていたような美しい空想ではない。十分な客観性をもった、血の出るような実生活上の真理なのだ。そして、それをつかむことこそ、真《しん》の学問なのだ。

彼はだんだんとそんなことに気がつき出した。同時に彼の態度もしだいに変わってきて、仕官などはもうどうでもいいことのように思われ出した。そして、そういう心で門人たちを見ると、なるほど顔回《がんかい》はその中《うち》でも一頭地《いっとうち》をぬいている。閔子騫《びんしけん》や、冉伯牛《ぜんはくぎゅう》や、仲弓《ちゅうきゅう》もなかなかりっぱである。宰我《さいが》や子貢《しこう》はなんだか生意気《なまいき》に見える。子夏《しか》と子潔《しゆう》とは少しうすっぺらだ。子路《しろ》は穴《あな》だらけの野心家《やしんか》のように思える。そして自分は、と彼は自《みずか》ら省《かえり》みて、いつも一種の膚寒《はださむ》さを感ずるのであった。

子路《しろ》に似て政治を好みながら、子路ほどの剛健《ごうけん》さと純朴《じゅんぼく》さを持たない彼は、とにかく小《しょう》

策《さく》を弄《ろう》したり、言いわけをしたりすることが多かった。門人仲間では謙遜家《けんそんか》のように評《ひょう》されているが、それは負け惜《ま》しみ《お》や、ずるさから出る、表面だけの謙遜であることを、彼自身よく知っていた。彼は自分の腹の底に、卑怯《ひきょう》な、こざかしい鼬《いたち》のような動物が巣《す》くっていて、いつも自分を裏切《うらぎ》って、孔子の心に背《そむ》かしているような気がしてならなかった。

(おれは道を求めている。このことに間違いはないはずだ)

彼はたしかにそう信じている。しかし同時に、彼の心のどこかで彼が道を逃げたがっていることも、間違いのない事実であった。そして、

(だめだ、おれは孔子《こうし》の道とは、もともと縁《えん》のない人間だったのだ)

彼は、このごろ、しみじみとそう思うようになった。そして、いくたびか孔子の門に別れを告げようかと考えたこともあった。しかし、思いきってそれもできなかった。こうして、ぐずぐずしている間に、彼の腹の中の鼬《いたち》はいよいよ彼に、表面を飾《かざ》るための小策《しょうさく》を弄《ろう》さした。そして、小策を弄《ろう》したあとの寂《さび》しさは、そのたびごとに、いよいよ深くなっていくばかりであった。

こうして彼の顔色《かおいろ》は、孔子の目にもつくほどに、血《ち》の気《け》を失ってきたのである。

彼は、とうとうある日、ただ一人で孔子に面会を求めた。心の中をなにもかもさらけ出

して、孔子の教えを乞《こ》うつもりだったのである。ところが、孔子の部屋にはいると、例の腹の中の鼬《いたち》が、つい、ものをいってしまった。

「私は、先生のお教えになることに強いあこがれを持っています。ただ、私の力の足りないのが残念でなりません」

彼はいってしまって、自分ながら自分の言葉にちっとも痛切《つうせつ》なところがないのに驚いた。

（なんのために自分はわざわざ一人で先生に面会を求めたのだ。こんな平凡なことをいうくらいなら、いつだってよかったはずだ。先生もさだめしおかしな奴《やつ》だと思われるだろう）

そう思って、おそるおそる彼は孔子《こうし》の顔を見た。

孔子は、しかし、思ったよりもはるかに緊張《きんちょう》した顔をしていた。そして、しばらく冉《ぜん》求《きゅう》をじっと見つめていたが、

「苦しいかね」

と、いかにも同情するような声でいった。

冉求《ぜんきゅう》の鼬《いたち》は、その声を聞くと急に頭をひっこめた。そしてその代《か》わりに、しみじみとした感じが、彼の胸いっぱいに流れた。彼は、母の胸に顔をくっつけているような気になって、思う存分甘えてみたいとすら思った。

「ええ、苦しいんです。なぜ私は素直《すなお》な心になり得ないのでしょう。いつまでもこんなふうでは、先生のお教えをうけても、結局、だめではないかと存じます」

「お前の心持ちはよくわかる。しかし、苦しむのは、苦しまないのよりはかえっていいことなのじゃ。お前は、自分で苦しむようになったことを、一つの進歩だと思って、感謝していい、なにも絶望することはない」

「でも先生、私には、真実の道をつかむだけの素質《そしつ》がないのです。本来、だめにできている男なのです。私は卑怯者《ひきょうもの》です。偽《いつわ》り者です。そして……」

と、冉求《ぜんきゅう》は急にある束縛《そくばく》から解放されたように、やたらに、自分をけなし始めた。

「お黙《だま》りなさい」

と、その時凛然《りんぜん》とした孔子《こうし》の声が響《ひび》いた。

「お前は、自分で自分の欠点を並《なら》べたてて、自分の気休《きやす》めにするつもりなのか。そんなことをする隙《ひま》があったら、なぜもっと苦しんでみないのじゃ。お前は、本来自分にその力がないということを弁解がましくいっているが、ほんとうに力があるかないかは、努力してみた上でなければわかるものではない。力のない者は中途《ちゅうと》で斃《たお》れる。斃《たお》れてはじめて力の足りなかったことが証明されるのじゃ。斃《たお》れもしないうちから、自分の力の足りないことを予定するのは、天に対する冒瀆《ぼうとく》じゃ。なにが悪《あく》だといっても、まだ試《ため》してもみない自分の力を否定するほどの悪《あく》はない。それは生命そのものの否定を意味するからじゃ。しかし……」

と、孔子は少し声をおとして、

「お前は、まだ心からお前自身の力を否定しているのではない。お前はそんなことをいって、わしに弁解《いいわけ》をするとともに、お前自身に弁解をしているのじゃ。それがいけない。それがお前の一番の欠点じゃ」

冉求《ぜんきゅう》は、自分では引っこめたつもりでいた鼬《いたち》の頭が、孔子の目には、ちっとも隠されていなかったことに気がついて、少なからず狼狽《ろうばい》した。

孔子《こうし》は、しかし、静かに言葉をつづけた。

[2]「それというのも、お前の求道心が、まだほんとうには燃《も》え上《あ》がっていないからじゃ。ほんとうに求道心が燃えておれば、自他《じた》におもねる心を焼き尽《つ》くして、素朴《そぼく》な心に返ることができる。素朴《そぼく》な心こそは、仁《じん》に近づく最善の道なのだ。元来《がんらい》、仁《じん》というものは、そんなに遠方《えんぽう》にあるものではない。遠方にあると思うのは、心に無用の飾《かざ》りをつけて、それに隔《へだ》てられているからじゃ。つまり、求める心が、まだ真剣《しんけん》でないから、というよりしかたが

ない。どうじゃ、そうは思わないのか」

冉求《ぜんきゅう》は、うやうやしく頭を下《さ》げた。

「とにかく、自分で自分の力を限るようなことをいうのは、自分の恥《はじ》になっても、弁護にはならない。それ、よくそこいらの若い者たちが歌っている歌に、

ゆすらうめの木[3]
花咲きゃまねく、
ひらりひらりと
色よくまねく。
まねきゃこの胸
こがれるばかり、
道が遠くて
行かりゃせぬ。

というのがある。あれなども、人間の生命力を信ずる者にとってはまったく物足《ものた》りない

歌じゃ。なあに、道が遠いことなんかあるものか。道が遠いといってへこむのは、まだ思いようが足りないからじゃ。はっ、はっ、はっ」

孔子《こうし》は、いかにも愉快《ゆかい》そうに、大きく笑った。

冉求《ぜんきゅう》は、このごろにない朗《ほが》らかな顔をして部屋を出たが、その足どりには新しい力がこもっていた。

1 子《し》いわく、人の己《おのれ》を知らざるを患《うれ》えず、その能《よ》くすることなきを患《うれ》うるなりと。(憲問《けんもん》篇)

2 子《し》いわく、剛毅木訥《こうきぼくとつ》は仁《じん》に近しと。(子路《しろ》篇)

子《し》いわく、仁《じん》遠からんや。我仁《われじん》を欲《ほっ》せばここに仁至《じんいた》ると。(述而《じゅつじ》篇)

3 唐棣《とうてい》の華《はな》、偏《へん》としてそれ反《ひるが》える。あに爾《なんじ》を思わざらんや。室《しつ》これ遠ければなりと。子《し》いわく、未《いま》だこれを思わざるなり。それ何の遠きことこれあらんやと。(子罕《しかん》篇)

宰予《さいよ》の昼寝

宰予《さいよ》昼寝《ひるい》ぬ。子《し》いわく、朽木《きゅうぼく》は雕《ほ》るべからざるなり。糞土《ふんど》の牆《かき》は杇《ぬ》るべからざるなり。予《よ》において何ぞ誅《せ》めんやと。

子《し》いわく、始め吾《われ》の人におけるや、その言《げん》を聴《き》きてその行《こう》を信ぜり。今吾《われ》の人におけるや、その言《げん》を聴《き》きてその行《こう》を観《み》る。予《よ》においてこれを改めたりと。

——公冶長篇《こうやちょう》

昼寝をしていた宰予《さいよ》は、いい気持ちになって目をさました。あたりはしんとしている。彼は大きく背伸《せの》びして、あくびを一つすると、のろのろと寝台《しんだい》を下《お》りた。それから椅子《いす》に腰《こし》かけて卓《つくえ》に頬杖《ほおづえ》をつきながら、ぼんやりと窓の外を眺《なが》めた。

中庭の石畳《いしだたみ》には、もう日がかげっている。雀《すずめ》が二、三羽、急にそこから飛び立って、屋《や》根《ね》に止まった。屋根瓦《やねがわら》の頂上が黄色い夕日の光を反射《はんしゃ》している。その光の中に、雀《すずめ》が点々と真っ黒にならんだ。

少し寝過《ねす》ぎたかな、と彼は思った。そして少し緊張《きんちょう》した顔になって耳を澄《す》ました。遠くの部屋から、かすかに話し声が聞こえてくる。

(やはり寝過ぎたのだ)

そう思って彼は少しうろたえた。そして椅子《いす》から立ち上がると、そそくさと部屋を出ようとした。しかし、彼は戸口の所まで行くと、急に立ち止まって、目を床《ゆか》に落とした。

(なにか口実《こうじつ》がないとぐあいが悪い)

それからしばらく、彼は足音をたてないように、そろそろと室内を歩き回った。歩きながら、何度も首をふったり、うなずいたりした。そして、ふたたび卓《つくえ》のところに戻《もど》って、着物の袖《そで》でしきりに目をこすっていたが、それが終わると、すました顔をして部屋を出て行った。

廊下《ろうか》を伝《つた》って、みんなの集まっている部屋の前まで行くと、彼はもう一度立ち止まって耳を澄《す》ました。中ではもうかなり話がはずんでいる。孔子《こうし》の声もはっきり聞きとれる。彼はまた、しきりに首をふった。が、とうとう思いきって戸をあけた。

話し声がぴたりと止まって、みんなの視線がいっせいに彼に注《そそ》がれた。彼は、足の下から床《ゆか》が地の底に落ちていくような気がして、膝《ひざ》ががくがくした。しかし、ともかくも孔子の前まで行って、つとめて平気を装《よそお》いながら、おじぎをした。

孔子はちょっと彼の方に視線を向けた。彼はその機《き》をとらえてなにかいおうとしたが、うまく口がすべらなくて、苦しそうにつばをのんだ。

「そこで……」

と孔子《こうし》はすぐみんなの方を向いて話し出した。
[1]「いっしょに学ぶことのできる人はあっても、いっしょに道に精進《しょうじん》することのできる人は少ないものじゃ」
宰予《さいよ》は自分のことをいわれているような気がして、棒立《ぼうだ》ちになったまま動かなかった。

孔子の言葉はなだらかにつづいた。

「また、いっしょに精進《しょうじん》することのできる人はあっても、いざという時に微動《びどう》だにしない信念に立って、行動をともにしうる人はまれなのじゃ」

宰予《さいよ》は、これは自分のことに限ったことではないらしいと思って、少し気がゆるんだ。しかし、すぐそのまま自分の席につくのも変な気がして、まだ立ったままでいた。

「けれども……」

と、孔子は少し体を乗り出して、

「そこまでは、いわば人間進歩の型じゃ。どれほど信念が堅固《けんご》でも、それが型である間はまだ窮屈《きゅうくつ》じゃ。ほんとうに事をともにするには足りない。型を脱却《だっきゃく》し、千変万化《せんぺんばんか》する現実の事態《じたい》に即応《そくおう》して、自由に誤《あやま》りなく生きうる人であって、はじめて事をともにすることができるのじゃ。だが、そのような人は、めったにあるものではない」

宰予《さいよ》は、おそろしくむずかしい話のように思ったが、一方、臨機応変《りんきおうへん》の才ならば、自分もめったに人に負けないぞ、といったような気もした。とにかく彼は気がすっかり楽《らく》になって、自分の席に着こうとした。

話をやめて、彼の様子《ようす》を見守っていた孔子《こうし》は、彼がまさに席に着こうとする瞬間に、

「宰予《さいよ》！」

と呼んだ。その声は、あまり高くはなかったが、宰予の胸をどきりとさした。

宰予《さいよ》は、曲《ま》げかけた膝《ひざ》を伸《の》ばして、また棒立《ぼうだ》ちになった。

「お前にはまったく用のない話じゃ、あちらで休んでいたらいいだろう」

みんながいっせいに孔子を見た。それから視線はしだいに宰予の顔に集まった。宰予は、

音のしない嵐の中で、体がくるくると舞《ま》っているような気がした。しかし、意識だけは、まだはっきりしていた。彼は早口にいい出した。

「遅刻《ちこく》いたしましてあいすみません。しかし……」

「しかし？」

と、孔子が鸚鵡返《おうむがえ》しにいった。宰予《さいよ》は二の句をつぐのに、ちょっとたじろいだ。孔子はたたみかけて、

「もし昼寝の言《い》い訳《わけ》ならば、よした方がいい。それは過《あやま》ちの上塗《うわぬ》りをするばかりじゃ」

宰予《さいよ》はすっかり狼狽《ろうばい》した。しかし、そうなると、ますますなんとかいわないではおれないのが彼の性《たち》だった。

「実は……」

すると孔子《こうし》の顔はみるみる朱《しゅ》を注《そそ》いだ。

「宰予《さいよ》！」

と、彼は宰予《さいよ》だけでなく、みんなの者に思わず頭を垂《た》れさせたほど、悲痛《ひつう》な声で叫《さけ》んだ。

「お前は過《あやま》ちを三重《さんじゅう》にも四重《しじゅう》にも犯《おか》そうというのか。それではお前はもう雨《あま》ざらしの材木《ざいもく》か、ぼろ土で固めた塀《へい》も同然じゃ。雨《あま》ざらしの材木には彫刻《ちょうこく》はできぬ。ぼろ土の塀《へい》は、い

くら上塗《うわぬ》りをしても、中から崩《くず》れるばかりじゃ」

そういって孔子は宰子《さいよ》から目を放した。

それから急に声を落として、

「つい大きな声を出して、みんなにはすまなかった。もうなにもいうまい。宰予《さいよ》を責《せ》めてもかいのないことじゃ」

宰予は、ふらふらとなるのを、精いっぱいこらえて立っていた。しばらくはだれひとり口をきく者がなかった。うす暗くなっていく部屋に、暑苦しい空気がいっぱいにこもって、みんなはしんとして汗《あせ》ばんでいた。

「宰予《さいよ》はしばらく一人でよく考えてみるがいい」

孔子《こうし》のやさしい声が沈黙《ちんもく》を破《やぶ》った。しかし、みんなはまだ緊張《きんちょう》をつづけていた。その中を、宰予《さいよ》はたくさんの目に見送られながら、悄然《しょうぜん》として部屋を出た。

宰予の足音が消えると、孔子はいかにも寂《さび》しそうに目を伏《ふ》せながらいった。

「これまで、わしは、みんなめいめいに口でいうとおりに実行しているものとばかり信じていたものじゃ。しかし、もうこれからは、そうはいかない。いう事と行う事とが一致《いっち》しているか、はっきりと突《つ》きとめないと、安心ができなくなってしまった。宰予のようなこともあるのでな……しかし人を疑《うたが》うのは寂《さび》しい気がするものじゃ」

門人《もんじん》たちは首を垂《た》れたまま、身じろぎもしなかった。

「[2]いつもいうことじゃが過《あやま》って改《あらた》むるに躊躇《ちゅうちょ》してはならぬ。過《あやま》ちはだれにもある。それは一時のことじゃ。しかし、過って改めなければそれこそ救いがたい過ちで、生涯を過り通すことになってしまう。また、一口に過ちといっても、それには小人《しょうじん》の過ちもあれば、君《くん》子《し》の過ちもある。過ちしだいでは、それによってその人に仁《じん》のきざしがあるのを知ることもできるのじゃ。しかし何をいっても、口先で人をいいくるめようとする心だけはよろしくない。そんなことを許しておけば、第一人間同士の生活に信《しん》がなくなる。信は人と人を結ぶたいせつな楔《くさび》で、たとえていえば、牛車《ぎゅうしゃ》の輗《げい》や馬車《ばしゃ》の軏《げつ》のようなものじゃ。輗《げい》や軏《げつ》を取り去れば、車は牛馬《ぎゅうば》から離れて一歩も動かぬ。世の中もそのとおりじゃ。信がなくてはどうにもならぬ。だから、ほかの過ちはとにかくとして、かりそめにも口先のごまかしだけは、お互いに慎《つつし》みたいものじゃ」

孔子《こうし》は諄々《じゅんじゅん》として説《と》いていった。説《と》き終わって、しばらくじっと目を閉じていたが、ふとなにか思い当たったように、目を開いて、

「[3]しかし、悪いのは宰予《さいよ》だけではない。今はどちらを向いても口先だけで生きようとする

人ばかりじゃ。虚心《きょしん》に自分の過失を見つめて、まじめに自分を責める者はほとんどないといってもいい。それを思うと世の中は真っ暗じゃ。しかし、考えてみると、そんな世の中であればこそ、おたがいにますます精進《しょうじん》する必要もある。いい機会じゃ。みんなも反省するがいい。自分に教えてくれる者は、必ずしも善《よ》い人ばかりとは限らぬからな。三人行えばわが師《し》ありじゃ。善《よ》い人を見たら見習えばいいし、悪い人を見たら、自《みずか》ら省《かえり》みればいい。宰予《さいよ》もその意味ではみんなの先生じゃ。憎《にく》んではならぬ。さげすんでもならぬ。ただめいめいに自分を省《かえり》みさえすればそれでいいのじゃ」

そういって、孔子は座《ざ》を立った。

その夜、孔子の部屋では、孔子と宰予とが二人きりで対座《たいざ》して、長いこと話していた。孔子は、昼間《ひるま》他の門人《もんじん》たちにいったことや、そのほかいろいろの言葉をもって宰予を戒《いまし》めた。その中には、

「[4]人間というものは、正直でなければ生きられない。それが常理《じょうり》である。不正直で生きているものもあるが、それは幸《さいわ》いにして免《まぬが》れているに過《す》ぎない」

とか、

「[5]真の君子《くんし》になりたければ、口は唖《おし》同様でもかまわぬから、ただ身をもって行え」

とか、

「学[6]は自分のためにするので、他人のためにするのではない。古《いにしえ》の学者は、よくこの道理を心得ていたものじゃが、今の学者は、人に見せるための学問をしたがっていけない」

とか、いうような意味のことがあった。

宰予《さいよ》はむろん、唯々《いい》として孔子《こうし》の話を聞いた。しかし、まだどうしても心からしみじみとした気持ちになれなかった。彼には、

(不幸にして自分は昼寝を見つかったのだ)

という気があった。

(沈黙《ちんもく》していたんでは、世間《せけん》は容易に自分を買ってくれない)

という考えもあった。また、

(学問は自分のためだといっても、結局、世間《せけん》を相手にしなくては、意味のないことだ)

といったような理屈《りくつ》も、心の中でこねてみた。

宰予《さいよ》の不徹底《ふてってい》さが、孔子《こうし》の目に映《えい》じないわけはなかった。孔子は、前途遼遠《ぜんとりょうえん》だ、という感じを抱《いだ》きながら、最後にいった。

「人[7]の心というものは、天意《てんい》に叶《かな》わないうちは、のびやかな気分にはなれないものじゃ。

おそらく、今のままでは、お前は永久に心が落ちつくまい。……しかし今夜はもうおそい、帰ってお休み」

宰予《さいよ》は解放された喜びで立ち上がった。しかし彼の心の底には、きわめてかすかではあったが、まだ経験したことのない、変《へん》な寂《さび》しさが芽を吹き出して、いくぶんかでも、彼の心をまじめにしていた。

1 子《し》いわく、与《とも》に共《とも》に学ぶべし、未《いま》だ与《とも》に道に適《ゆ》くべからず。与《とも》に道に適《ゆ》くべし、未《いま》だ与《とも》に立つべからず。与《とも》に立つべし、未《いま》だ与《とも》に権《はか》るべからずと。（子罕《しかん》篇）

2 子《し》いわく、……過《あやま》ちてはすなわち改《あらた》むるに憚《はばか》ることなかれと。（学而《がくじ》篇、子罕《しかん》篇）

子《し》いわく、過《あやま》ちて改《あらた》めざる、これを過《あやま》ちという と。（衛霊公《えいれいこう》篇）

子いわく、人の過《あやま》ちや、各々《おのおの》その覚においてす。過《あやま》ちを観《み》てここに仁《じん》を知ると。（里仁《りじん》篇）

3 子いわく、人にして信《しん》なくんばその可《か》なることを知らざるなり。大車《たいしゃ》に輗《げい》なく、小車《しょうしゃ》に軏《げつ》なくんば、それ何を以《もっ》てこれを行《や》らんやと。（為政《いせい》篇）

子いわく、已《や》んぬるかな、吾《われ》未《いま》だ能《よ》くその過《あやま》ちを見て、内《うち》に自《みずか》ら訟《うった》うる者を見ざるなりと。

（公冶長《こうやちょう》篇）

子いわく、三人行えば必ず我《わ》が師《し》あり。その善《ぜん》なる者を択《えら》びてこれに従い、その不善《ふぜん》なる者にして、これを改むと。（術而《じゅつじ》篇）

4 子いわく、人の生《せい》や直《なお》し。これを罔《し》いて生《い》くるや、幸《さいわ》いにして免《まぬか》るるなりと。（雍也《ようや》篇）

5 子いわく、君子《くんし》は言《げん》に訥《とつ》にして、行《こう》に敏《びん》ならんことを欲すと。（里仁《りじん》篇）

6 子いわく、古《いにしえ》の学者は己《おのれ》のためにし、今の学者は人のためにすと。（憲問《けんもん》篇）

7 子いわく、君子《くんし》は坦《たい》らかにして蕩蕩《とうとう》たり。小人《しょうじん》は長《とこし》えにして戚戚《せきせき》たりと。（述而《じゅつじ》篇）

觚《こ》、觚《こ》ならず

子曰《しいわ》く、觚《こ》、觚《こ》ならず。觚《こ》ならんや、觚《こ》ならんやと。

——雍也《ようや》篇

「先生、買って参《まい》りました」

そういって、門人《もんじん》の一人が、孔子《こうし》の前に、十ばかりの觚《こ》を箱から出して並《なら》べた。觚《こ》はその当時の酒器《しゅき》の一種である。

孔子は、いちいちそれを手にとって仔細《しさい》に眺《なが》めていたが、いいとも、悪いともいわないで、じっと考えこんだ。

門人は手持ちぶさたで立っていた。しかし、いつまでたっても、孔子が黙りこんでいるので、おじぎをして、そのまま部屋を出ようとした。すると孔子がいった。

「これが觚《こ》というものかな」

門人は、不思議《ふしぎ》そうな顔をして、孔子を見た。彼は、孔子が觚《こ》を知らないわけはない、と思ったのである。

「觚《こ》には稜《かど》があるはずじゃ。もともと觚《こ》というのは、稜《かど》という意味じゃでの」

門人はおかしくなった。今ごろ名称なんかにこだわって、どうするつもりだろう。そんな昔風《むかしふう》の觚《こ》が、どこの店を探したってあるものではない、と思った。で、彼は微笑《びしょう》しながら答えた。

「それがこのごろの觚《こ》でございます」

孔子《こうし》は、しかし、いよいよまじめな顔をしていった。

「そうか、これがこのごろの觚《こ》か。……いや、これは觚《こ》ではない。觚ではない。嘆《なげ》かわしいことじゃ」

孔子は首をふった。それから、目を閉じて、また考え始めた。

門人はいよいよわけがわからなくなった。彼は、おずおず、孔子の前に並《なら》んでいる觚《こ》を重《かさ》ね始めた。すると孔子は、急にやさしい声をしていった。

「まあ、お掛《か》け。觚《こ》はそのままでいい」

門人が腰《こし》をかけると、孔子はしずかに話し出した。

「何物でも、その特質を失うことは、よくないことじゃ。そこに道の紊《みだ》れるもとがある」

門人は孔子《こうし》が何を考えていたかが、やっとわかって、急にいずまいを正《ただ》した。

「人間には人間の特質がある。その特質を守るところに人間の道があるのじゃ。とりわけ中庸《ちゅうよう》[1]の徳《とく》は至高至善《しこうしぜん》のもので、それを忘れたら、名《な》は人間であっても、人間の実《じつ》があるとはいえない」

ここで孔子は、ふたたび、自分の前に並《なら》んでいる觚《こ》を、まじまじと見つめた。そして、いかにも思い入ったようにいった。

「名実相伴《めいじつあいともな》わない世の中になって、もう久しいものじゃのう」

門人は、ただうなずくよりしかたがなかった。

「いや、これはつい繰《く》り言《ごと》になってしまった。……では、あちらに行ってお休み、ご苦労であった」

孔子はそういって、窓の方に立って行った。門人もすぐ立ち上がったが、觚《こ》をどう始末《しまつ》したものか、しばらく迷った。そして、きまり悪そうに孔子にたずねた。

「では、この觚《こ》は店に戻《もど》すことにいたしましょうか」

孔子は、急に声を立てて笑いながら、門人をふり返った。

「いや、それはそれでいい。觚《こ》は酒を注《つ》ぐための道具じゃ。酒さえ注《つ》げれば、稜《かど》があろうとなかろうと、構《かま》うことはない。箱に入れて、あちらにしまって置いてくれ」

門人は、いくたびか首をかしげながら、觚《こ》を箱に納《おさ》めて部屋を出た。

1　子《し》いわく、中庸《ちゅうよう》の徳《とく》たるや、それ至《いた》れるかな、民鮮《すく》なきこと久《ひさ》しと。（雍也《ようや》篇）

申棖《しんとう》の欲

子《し》いわく、吾《われ》未《いま》だ剛《ごう》なる者を見ずと。ある人対《こた》えていわく、申棖《しんとう》ありと。子《し》いわく、棖《とう》や欲《よく》あり。いずくんぞ剛《ごう》なるを得んと。

——公冶長《こうやちょう》篇

孔子《こうし》は、大丈夫《だいじょうぶ》だと思っていた門人《もんじん》たちが、いったん官途《かんと》につくと、とかく毅然《きぜん》としたところがなくなって、権臣《けんしん》たちと妥協《だきょう》しがちになるのを、もどかしく思っていた。で、このごろ門人たちの顔さえ見ると、

「剛《つよ》い人間がいない、剛い人間がいない」

といって、嘆《なげ》いてばかりいる。

多くの門人たちには、それが不思議《ふしぎ》でならなかった。仁者《じんしゃ》とか、知者《ちしゃ》とか、中庸《ちゅうよう》の徳を備《そな》えた人とかいうのならとにかく、単に剛《つよ》いというだけのことなら、いくらもそんな人がいるはずだ、と思った。だれの頭にも、その第一人者として、すぐ子路《しろ》が思い出されるの

だった。また、若い門人のうちでなら、申棖《しんとう》という元気者もいた。

申棖《しんとう》は、まだ二十歳を二つ三つしか越《こ》していないが、毛むくじゃらな顔に、大きな目玉を光らしていた。議論になると、破鐘《われがね》のような声を出して相手を圧倒《あっとう》する。負けぎらいで、先輩《せんぱい》だろうとなんだろうと遠慮《えんりょ》はしない。どうかすると、そのがんじょうな肩をそびやかして、腕《うで》ずくでこい、といわんばかりの格好《かっこう》をすることがある。大ていの門人たちは、彼には弱らされた。孔子《こうし》ですら手こずることがしばしばあった。

若い門人たちは、弱らされながらも、彼を痛快《つうかい》がった。彼らは、多くの先輩《せんぱい》たちが、孔子の前に出るといやに遠慮《えんりょ》がちで、いいたいこともいえないでいるくせに、若い門人に対すると、とかく高飛車《たかびしゃ》に出たがるのが、気にくわなかった。その先輩たちを相手に、申棖《しんとう》はいつも思う存分のことをいってのける。時にはむちゃだと思われるようなことまでいうのだが、彼らとしては、いつも自分たちの代弁《だいべん》でもしてもらっているような気がして、愉《ゆ》快《かい》にならざるを得ない。その意味で、彼は彼ら仲間の人気者であり、相当に尊敬されてもいた。そして、だれいうとなく、

(剛《つよ》いといえば、なんといっても申棖《しんとう》だ。先輩《せんぱい》の子路《しろ》だって及《およ》ぶところではない)

というのが、彼ら仲間の定評《ていひょう》になってしまっていた。

で、ある日、彼らのうち数名の者が孔子の部屋で教えをうけていたおり、例によって孔子が、「剛《つよ》い人間がいない」という話をし出すと、待っていたといわんばかりに、一人がいった。

「申棖《しんとう》はいかがでしょう」

孔子《こうし》は怪訝《けげん》な顔をして、しばらく彼らの顔を見ていた。そして憐《あわれ》むような目をしながら答えた。

「申棖《しんとう》には欲《よく》がある」

門人たちは変《へん》な答えだと思った。第一、申棖《しんとう》が欲《よく》ぶかな人間だとは思えない。むしろ、金なんかに冷淡《れいたん》すぎるほど冷淡なのが、彼の持ち前である。彼は、金をためることのじょうずな子貢《しこう》に対して、反感さえ抱《いだ》いている。むろん、顔回《がんかい》ほどに貧富《ひんぷ》に超越《ちょうえつ》しているとはいえないだろうが、それでも、孔子に欲があるといわれるような人間でないことは、確《たし》かである。

また、かりに欲の深い人間であるとしても、剛《つよ》い人間であることだけは、断じて間違いない。それは彼の日常が証明していることだし、現に孔子だって、申棖《しんとう》のがんばりには手こずっているくらいなのだから。

彼らはそんなことを考えた。で、一人がすぐ反駁《はんばく》するようにいった。

「先生、申棖《しんとう》に欲があるとは、少しおひどいと思います」

孔子は微笑《びしょう》した。

「ひどいと思うのか。じゃが、わしは申棖《しんとう》こそだれよりも欲のきつい男じゃと思っている」

門人たちは、あきれたような顔をして孔子を見た。孔子はいった。

「金銭が欲しいばかりが欲ではない。欲はさまざまの形で現れる。申棖《しんとう》が負けぎらいで我《が》執《しゅう》が強いのもその一つじゃ。欲というのは、理非《りひ》の弁《わきま》えもなく、人に克《か》とうとする私心《ししん》を指《さ》していうのじゃ。天理に従って金をためるのは欲ではない。これに反して、かりに金には冷淡《れいたん》でも、私情《しじょう》にかられて人と争えば、それはまさしく欲というものじゃ。申棖《しんとう》は欲がきつい。あんなに欲がきつくては、剛《つよ》いとはいえまい」

門人たちは、欲というものがそんなものなら、なるほど申棖《しんとう》は欲がきついにちがいない、と思った。しかし、なぜ彼を剛《つよ》いといえないのかは、まだはっきりしなかった。で、不思《ふし》議《ぎ》そうな顔をして、孔子《こうし》を見守った。

「わからぬかの」

と、孔子は嘆息《たんそく》するようにいった。

「剛《つよ》いというのは、人に克《か》つことではなくて、己《おのれ》に克《か》つことじゃ。すなおに天理に従って、どんな難儀《なんぎ》な目にあっても、安《やす》らかな心を持ちつづけることじゃ」

門人たちは、いっせいに頭を下《さ》げた。すると孔子は笑いながらいった。

「しかし、お前たちはまだまだ申棖《しんとう》に学ぶがいい。申棖《しんとう》があんなにがんばるのも、金や権《けん》勢《せい》のためではなくて、天理を求めるためなのだから」

門人たちは、きわどいところで、自分たちの急所をつかれたような気がした。彼らはいくたびかおたがいに顔を見合わせた。そして、きまり悪そうな顔をして、こそこそと孔子《こうし》の部屋を退《ひ》いた。

大廟《たいびょう》に入りて

子《し》大廟《たいびょう》に入《い》りて、事毎《ことごと》に問う。ある人いわく、孰《たれ》か鄹人《すうひと》の子《こ》礼《れい》を知るというか。大《たい》廟《びょう》に入《い》りて事毎《ことごと》に問うと。子《し》これを聞きていわく、これ礼《れい》なりと。

——八佾《はちいつ》篇

子《し》いわく、由《ゆう》や、女《なんじ》にこれを知るを誨《おし》えんか。これを知るをこれを知ると為《な》し、知らざるを知らずと為《な》す。これ知るなりと。

——為政《いせい》篇

魯《ろ》では、その年、大廟《たいびょう》の祭典《さいてん》を行うのに人出《ひとで》が足りなかった。もっとあからさまにいうと、祭典の儀式にもっとも明るかった人が病気なので、臨時《りんじ》にその代《か》わりを勤《つと》める人が、ぜひ必要だったのである。

大廟《たいびょう》には、魯《ろ》の始祖周公旦《しゅうこうたん》が祭《まつ》ってある。その祭典が、国としてもっとも重要な祭典であることは、いうまでもない。したがって、儀式のめんどうなことも、この上なしである。よほど礼に明るい人でないと、下っぱの役目でも勤《つと》まりそうにない。いわんや、もっともたいせつな役目を、大廟《たいびょう》の奉仕には直接経験のない人に勤《つと》めさせようというのだから、その人選《じんせん》がなかなかむずかしい。あれかこれかと詮議《せんぎ》の末、やっと白羽《しらは》の矢《や》が孔子《こうし》に立てられた。

孔子は、当時まだ三十六、七歳にしかならなかったが、すでに多くの門人《もんじん》もあり、その学徳は国の内外に聞こえていた。ことに、礼についての彼の造詣《ぞうけい》は、推薦者《すいせんしゃ》の言《げん》によると、天下に並《なら》ぶ者がなかった。それだけに、彼に対する期待も大きかったが、なにぶん、年が若いというので、一部では、彼を危《あぶ》ながっているものもないではなかった。ことに、ながらく大廟《たいびょう》に奉仕している人たちの間には、変《へん》なねたみ心から、いろいろの取りざたが行われていた。

さて、いよいよ祭典《さいてん》の準備が始まって、孔子もはじめて大廟《たいびょう》に入ることになったが、その日は、彼に好意を持つ者も、持たない者も、たえず彼に視線を注《そそ》いで、その一挙一動《いっきょいちどう》を見守っていた。

ところで、彼らの驚いたことには、孔子はまず祭官《さいかん》たちに、祭器《さいき》の名称や、その用途《ようと》をたずねた。そして、一日じゅう、それからそれへと、その取り扱い方や、儀式の場合の坐《ざ》作進退《さしんたい》のこまごましたことなどを、根掘《ねほ》り葉掘《はほ》りたずねるのであった。

「なんという見当《けんとう》ちがいでしょう。これでは、まるで五つ六つの子供を雇《やと》い入れたのも同じではありませんか」

「評判なんて、あてにならないものですね」

「ふん。どうせ山師《やまし》でしょう。仕官もできないくせに、門人ばかり集めて、いかにも学者ぶっているところを見ても、ろくな人間でないことは、はじめからわかっていますよ」

「ごもっともです。第一、私どものように、長年《ながねん》こうして奉仕していても、なかなか覚えられないほどの儀式が、あの田舎者《いなかもの》の若造《わかぞう》に、そうやすやすとのみこめるわけがありませんからね。そんなことぐらい、その筋《すじ》でもわかりそうなものですが……」

「当局の非常識にも、まったくあきれてしまいますね」

「いずれ非常識の酬《むく》いがくるでしょう。しかし、今度ばかりはわれわれに責任がありませんから、どんなしくじりがあっても、安心ですよ」

「そういえばそうですね。しかし、本人の大胆《だいたん》さには驚くではありませんか。あれでやっぱり本気なんでしょうか」

「さあ。それは本人に聞いてみないとわかりますまい。しかし、無神経《むしんけい》なことは確《たし》かですよ。あんなつまらんことをいちいちたずねて、恥《は》ずかしそうにもしていませんからね」

「恥《は》ずかしいどころか、それがあたりまえだといったような顔をしていますよ」

「ああまじめくさって聞かれたんでは、茶化《ちゃか》すわけにもいきませんし、困りましたよ」

「なにしろ、おたがいもいい面《つら》の皮《かわ》でさあ。教えてやったあげくに、その下役《したやく》に使われるなんて」

「いや、年はとりたくないものです」

「それにしても、あんな青二才《あおにさい》を、鄹《すう》の片田舎《かたいなか》から引っぱり出してきて、礼《れい》の大家《たいか》だなんていい出したのは、いったいだれでしょう。人をばかにするにもほどがあるではありませんか」

「いまさら、そんなことを詮議立《せんぎだ》てしてみたところではじまりますまい。それよりか、礼の大先生の現代式祭典のやり方でも覚えこんで、われわれも、もっと出世をするくふうをした方が利口《りこう》でしょう」

「いや、なるほど。そうことがきまれば文句《もんく》なしです。はっはっはっ」

孔子《こうし》の姿が見えないところでは、あちらでも、こちらでも、そうした失望やら、嘲笑《ちょうしょう》やら、憤慨《ふんがい》やらの声がきこえた。孔子は、それを知ってか、知らないでか、ひととおりの質問を終わると、みんなにていねいにあいさつをして、その日はいったん退出した。

心配したのは孔子の推薦者《すいせんしゃ》であった。彼とても、孔子の力量《りきりょう》を実際に試《ため》してみたわけではなく、世評《せひょう》と、孔子の門人《もんじん》たちのことばを信頼していたに過《す》ぎなかった。で、彼は、大《たい》廟内《びょうない》のうわさを耳にすると、すぐ子路《しろ》のところに駆《か》けつけた。事柄《ことがら》が事柄だけに、直接孔子に会うのも憚《はばか》られたし、それに、こんな場合、なにもかもぶちまけて相談のできそうなのは、孔子の門人のなかでは子路《しろ》が一番だ、と思ったからである。

子路《しろ》は、ひととおり話をきくと、大声を出して笑った。

「ご安心なさい。あなたのご迷惑《めいわく》になるようなことは断《だん》じてありません。……しかし、先生も先生だ。そんな児戯《じぎ》に類《るい》するようなことをして、みなさんにご心配をおかけしなくてもよさそうなものだ。……どうです、これからごいっしょに先生のお宅《たく》にお供《とも》しましょう。私にも少し文句《もんく》があるんです。ぶちまけてお話をして、先生のお考えも承《うけたまわ》ろうではありませんか。そしたらあなたもいよいよご安心でしょう」

で、さっそく二人は孔子《こうし》の門をくぐった。

子路《しろ》は、孔子の顔を見るなり、おじぎもそこそこに、来意《らいい》を告《つ》げた。そして例の大声を張り上げて、詰問《きつもん》でもするようにいった。

「ぼくは、先生のその流儀《りゅうぎ》が、どうも腑《ふ》に落ちないのです。こんな時こそ、先生は堂々と、ご自分のお力をお示しになるべきではありませんか。だのに、わざわざ、田舎者《いなかもの》だの、青《あお》二才《にさい》だのといわれるようなことを、どうしてなさるのです」

「私の力を示すというと？」

孔子は顔色《かおいろ》一つ動かさないでいった。

「むろん、先生の学問のお力です」

「学問というと、なんの学問かな」

「それは今度の場合は礼《れい》でしょう」

「礼なら、今日《きょう》ほど私の全心《ぜんこころ》を打ち込んだところを、みなさんに見ていただいたことはない」

「すると、先生の方からいろいろおたずねになったというのは、嘘《うそ》なんですか」

「嘘《うそ》ではない。なにもかもみなさんに教えていただいたのだ」

「なんだか、さっぱりわけがわかりませんね」

「子路《しろ》、お前は、いったい、礼《れい》をなんだと心得ている」

「それは先生にふだん教えていただいているとおり……」

「坐作進退《ざさしんたい》の作法《さほう》だというのか」

「そうだと思います。ちがいましょうか」

「むろんそれも礼だ。それが法にかなわなくては礼にならぬ。しかし礼の精神は？」

「先生に承《うけたまわ》ったところによりますと、敬《つつ》しむことにあります」

「そうだ。で、お前は、今日《きょう》私がその敬《つつ》しみを忘れていた、とでもいうのかね」

子路《しろ》の舌は、急に化石《かせき》したように、硬《こわ》ばってしまった。孔子《こうし》はつづけていった。

「かりそめにも大廟《たいびょう》に奉仕するからには、敬《つつ》しんだ上にも敬《つつ》しまなくてはならない。私は、先輩《せんぱい》に対する敬意を欠《か》きたくなかったし、それに従来の仕来《しき》たりについて、一応のおたずねもしてみたかったのだ。それをお前までが問題にしようとは夢にも思わなかった。しかし……」

と、彼は一、二秒ほど目を閉《と》じたあとで、

「私にも十分反省の余地《よち》があるようだ。元来《がんらい》、礼《れい》は敬《つつ》しみに始まって、調和に終わらなければならない。しかるに、今日《きょう》私がみなさんにおたずねした結果、みなさんのお気持ちを害したとすると、私のどこかに、礼にかなわないところがあったのかもしれない。この点については、私もなおとくと考えてみたいと思っている」

子路《しろ》はますます固くなった。孔子《こうし》の推薦者《すいせんしゃ》は、さっきから二人の話を落ちつかないふうで聞いていたが、孔子の言葉が終わると、急に立ち上がって、あいさつもそこそこに辞し去った。

孔子は、子路《しろ》と二人きりになってからも、目をつぶってしばらく考えこんでいたが、ふとなにか思い当たったようにいい出した。

「子路《しろ》、お前は、なによりも剣が好きだ、といったことがあるね」

「はい」

「学問が何の役に立つか、といったこともあるね」

「はい」

「だが、今では、学問のたいせつなことは、十分わかっているだろう」

「それは申すまでもございません」

「ところでお前には、まだ学問をするほんとうの心構《こころがま》えができていない」

「と申しますと？」

「現に今日《きょう》もお前は、よく考えもしないで、私の方にとびこんで来たのではないかね」

「申しわけありません」

「[1]学問にたいせつなことは、学ぶことと考えることだ。学んだだけで考えないと、道理の中心がつかめない。だからいつも行き当たりばったりだ。ちょうど真っ暗な部屋で、柱をなでたり、戸をなでたりするようなもので、個々の事柄《ことがら》を全体の中に統一して見ることができないのだ。むろん考えただけで学ばないのもいけない。自分の主観だけにとらわれて、先人《せんじん》の教えを無視するのは、ちょうど一本橋を渡るように危《あや》ういことだ。向こうまで行きつかないうちに、いつ水の中に落ちこむかしれたものではない。事柄《ことがら》によっては、いくら考えてもなんの役にも立たないことさえあるのだ。

[2]いつだったか、私は、食うことも寝ることも忘れて一昼夜《ちゅうや》も考えこんだことがあるが、なにひとつ得るところがなかった。そんな時、古聖人《こせいじん》の残された言葉に接すると、いっぺんに道理がわかるのだ。とにかくどちらも軽んじてはいけない。学びつつ考え、考えつつ学ぶ、これが学問の要諦《ようてい》だ。ところでお前は、そのどちらもまだ十分でない。それも、結局、お前に敬《つつ》しむ心がないからではないかね」

孔子《こうし》の言葉は、容易に終わりそうにない。

「道は一つだ。心に敬《つつ》しみさえあれば、物事を軽率《けいそつ》に判断することもなかろうし、わかりもしないことをわかったように見せかけることもないだろう」

「別に、わからないことをわかったように見せかけたつもりはありませんが……」

子路《しろ》は少し不服《ふふく》そうに、言葉をはさんだ。

「そうか、そう自分では信じているのか」

「少なくとも、今日《きょう》のことでは……」

「ふむ。するとお前は、お前自身何を考え、何をやっているのかさえ、よくはわかっていないようだな」

孔子《こうし》もまだ若かった。彼の言葉には、かなりの辛辣《しんらつ》さがあった。

「お前がさっきの人をつれて、ここにやって来た時には、お前はなにもかも知りぬいた人のような顔をしていたのだ。礼《れい》のことも、そして私が今日大廟《きょうたいびょう》でどんな心でいたかも」

「それはまったく私の誤解《ごかい》でした」

「誤解？　なるほど人間には誤解というものがある。そして、もしそれが敬《つつ》しみに敬《つつ》しんだ上での誤解であるならば、許されてもいい。しかし、万一にも、自分を誇示《こじ》したい念が急なために生じた誤解であるとすると、それはもはや誤解でなくて虚偽《きょぎ》だ。自分自身に対する不信だ。生命の真《しん》の願いを自《みずか》らくらますものだ。そしてそれが人間をして無知《むち》ならしめる最大の原因だ。お前には、まだここの道理がよくのみこめていない。だから人一倍無《む》知《ち》を恥《は》じていながら、かえって知《ち》が進まないのだ。

自分は真に何を知っているのか、また何を知らないのか、それらをつつましい心で十分に反省して、知っていることを知っているとし、知らないことを知らないとする、そうした自他を偽《いつわ》らない至純《しじゅん》な気持ちになってこそ、知《ち》は進むのだ。要するに、知《ち》は他人に示すためのものではない。それは自分の生命を向上《こうじょう》せしむる力なのだ。そしてまことの知《ち》は、ただ遜《へりくだ》る者のみに与えられる。このことをいつまでも忘れないでいてもらいたい」

孔子《こうし》の顔は、そこで急にやさしくなった。そしてうなだれている子路《しろ》を、いかにもいたわるような目で見やりながら、

「それさえ覚えていてもらえば、わしはもうお前になにもいうことはない。お前はその勇気――自他ともに許しているその勇気を、これからは、お前自身の心の中の敵に向けさえすればいいのだ。遜《へりくだ》る勇気、敬《つつ》しむ勇気、――どうだ、子路《しろ》、なんともいえない、いい響《ひび》きをもった言葉ではないか。この言葉をくり返しているだけでも、わしは、私の目の前に、深い、明るい、しかも力強い世界が現われてくるような気がしてならないのだ」

子路《しろ》の睫毛《まつげ》には、その時、かすかに光るものが宿《やど》っていた。

孔子は、子路《しろ》が帰ったあと、長いこと沈黙《ちんもく》にふけった。そして、翌日からの大廟《たいびょう》におけ

る彼は、従来の儀式の誤った点を正《ただ》し、欠《か》けたところを補《おぎな》い、終日謹厳《きんげん》そのもののような姿をして、祭官《さいかん》たちを指揮《しき》していた。

1 子《し》いわく、学んで思わずばすなわち罔《くら》し。思うて学ばずばすなわち殆《あやう》しと。（為政《いせい》篇）

2 子《し》いわく、吾《われ》かつて終日《しゅうじつ》食《く》わず、終夜寝《い》ねず、以《もっ》て思う。益《えき》なし。学ぶに如《し》かざるなりと。（衛霊公《えいれいこう》篇）

豚《ぶた》を贈られた孔子《こうし》

陽貨《ようか》、孔子《こうし》を見《み》んと欲《ほっ》す。孔子見《まみ》えず。孔子に豚《いのこ》を帰《おく》る。孔子その亡《な》きを時《とき》として、往《ゆ》きてこれを拝《はい》す。これに塗《みち》に遭《あ》う。孔子にいいていわく、来《きた》れ、予爾《われなんじ》といわんと。いわく、その宝を懐《いだ》きてその邦《くに》を迷わすは、仁《じん》というべきかと。いわく、不可《ふか》なりと。事《こと》に従《したが》うを好《この》みてしばしば時を失うは、知《ち》というべきかと。いわく、不可《ふか》なりと。日《じつ》月逝《げつゆ》き、歳我《としわれ》と与《とも》にせずと。孔子《こうし》いわく、諾《だく》、吾《われ》まさに仕《つか》えんとすと。

——陽貨《ようか》篇

「なに？　陽貨《ようか》からの贈り物じゃと？」

孔子《こうし》は、自分の前に、台にのせられて置かれた大きな豚《ぶた》の蒸《む》し肉《にく》を眺《なが》めて、眉《まゆ》をひそめた。

陽貨《ようか》は、魯《ろ》の大夫季平子《きへいし》に仕《つか》えていたが、季平子が死んで季桓子《きかんし》の代《だい》になると、巧《たく》みに彼を自家薬籠《やくろう》中のものとし、ついに彼を拘禁《こうきん》して、魯《ろ》の国政を専《もっぱ》らにしていた。孔子は、そのころ、すでに五十の坂をこしていたが、上下こぞって正道《せいどう》を離れているのを嘆《なげ》いて、仕官の望みを絶《た》ち、ひたすらに詩書礼楽《ししょれいがく》の研鑽《けんさん》と、青年子弟《せいねんしてい》の教育とに専念していた。陽貨《ようか》としては、孔子《こうし》が野にあって、厳然《げんぜん》として道を説《と》いているのが、なによりも恐ろしかった。で、できれば彼を自分の味方に引き入れたい。少なくとも一度彼に会って、自分が賢者《けんじゃ》を遇《ぐう》する道を知っている人間であることを示しておきたい、と思っていた。

彼は使いを遣《つか》わして、幾度《いくど》となく孔子に会見《かいけん》を申しこんだ。孔子は、しかし、頑《がん》として応じなかった。応じなければ応じないほど、陽貨《ようか》としては、不安を感じるのだった。

で彼はついに一策《いっさく》を案じ、わざわざ孔子の留守《るす》をねらって、豚《ぶた》の蒸《む》し肉《にく》を贈ることにしたのである。礼《れい》に、大夫《たいふ》が士《し》に物を贈った時、士が不在で、直接使者《ししゃ》と応接ができなかった場合には、士は翌日大夫《たいふ》の家に赴《おもむ》いて、自《みずか》ら謝辞《しゃじ》を述べなければならないことになっている。陽貨《ようか》はそこをねらったわけであった。

さすがに、孔子もちょっと当惑《とうわく》した。彼はしばらく豚肉《ぶたにく》をにらんだまま考えこんだ。（礼にそむくわけにはいかない。しかし、無道《むどう》の人に招かれて、たとい一日たりともこれを相《たす》けるのは士《し》の道でない。いわんや策《さく》をもって乗《じょう》じられるにおいてをやである）

孔子は、ぬかりなく考えた。そしてついに一策を思いついた。それは相手の用いた策そのままを応用することであった。つまり、陽貨《ようか》の留守《るす》を見計《みはか》らって、謝辞《しゃじ》を述べに行こうというのである。

元来《がんらい》、孔子はユーモリストではなかった。だから彼は、きまじめに考えて、そんなことを思いついたのである。しかし、思いついてみると、いかにもおかしかった。彼は思わず微笑《びしょう》した。同時に、なんとなく自分にはふさわしくないような気がし出した。たしかに彼のふだんの信念に照《て》らすと、それはけっして気持ちのいい策《さく》だとはいえなかったのである。そこに気がつくと、彼はもう笑わなかった。そして、ゆっくりと、もう一度考えなおした。しかし、それ以上のいい考えは、どうしても思い浮かばなかった。

(最善の策が見つからなければ、次善《じぜん》を選ぶよりしかたがない)

そう決心した彼は、翌朝《よくちょう》人をやって、ひそかに陽貨《ようか》の動静《どうせい》を窺《うかが》わせた。

使者《ししゃ》の報告にもとづいて、孔子《こうし》が陽貨《ようか》の家をたずねたのは、昼近いころであった。すべては予期どおりに運んだ。彼は留守居《るすい》のものにあいさつをことづけて、安心して帰途《きと》についた。ところが、どうしたことか、その途中で、ぱったり陽貨《ようか》の馬車に出っくわしてしまったのである。

士《し》たる者が、高官の馬車をみて、こそこそと鼠《ねずみ》のように逃げるわけにもいかない。孔子

は仕方なしにまっすぐに自分の車を走らせた。陽貨《ようか》は目ざとく彼を見つけて呼びとめた。そしてにやにやしながら、

「たぶん私の方にお越《こ》しであろうと存じまして、急いで帰って来たところです。ほんのちょっと遅《おく》れまして、申しわけありません」

孔子《こうし》は、小策《しょうさく》を弄《ろう》する者にあってはかなわぬと思った。彼は観念して、いわれるままに、ふたたび陽貨《ようか》の家に引き返した。しかし、どんなことがあっても、昼飯《ひるめし》の馳走《ちそう》にだけはなるまい、と決心した。

陽貨は、座《ざ》につくと、いかにも熱意のこもったような口調《くちょう》で説《と》き出した。

「比類《ひるい》のない徳《とく》を身に体《たい》していながら、国の乱《みだ》れるのを傍観《ぼうかん》しているのは、はたして仁《じん》の道にかないましょうか」

孔子は、陽貨《ようか》も言葉だけは、なかなかりっぱなことをいうものだ、別に逆《さか》らう必要もあるまい、と思った。で即座《そくざ》に、

「いかにも、それは仁《じん》とはいえませぬ」

陽貨《ようか》はこれはうまいと思った。で、すぐ二の矢を放った。

「救世済民《きゅうせいさいみん》の志《こころざし》を抱《いだ》き、国事に尽《つ》くしたいと希望しながら、いくら機会があっても出《い》で

て仕《つか》えようとしないのは、はたして知者《ちしゃ》といえましょうか」

孔子は、これには多少意見があった。しかし、それを述べても、どうせ話をながびかすだけの効果しかないと思ったので、

「いかにも、それは知者《ちしゃ》とはいえませぬ」

すると陽貨《ようか》は、ここぞとばかり、三の矢を放った。

「時は刻々《こくこく》に流れていきます、歳月《さいげつ》は人を待ちませぬ。それだのに、あなたのような高徳《こうとく》有能《ゆうのう》の士《し》が、いつまでもそうしてむなしく時を過《す》ごされるのは、心得がたいことです」

陽貨《ようか》は、そういって、非常に緊張《きんちょう》した顔をして、孔子《こうし》の答えをまった。

しかし、孔子の答えは、きわめて無造作《むぞうさ》であった。彼は相手の言葉に軽くうなずきながら、

「なるほど、よくわかりました。私もなるべく早く、よい君主《くんしゅ》をみつけて仕《つか》えたいと存じています」

彼は、そう答えると、すぐ立ち上がった。そしてていねいに陽貨《ようか》に敬礼《けいれい》をして静かに部屋を出た。

彼のためにたぶん用意されていたであろう昼飯《ひるめし》を、彼の帰ったあと、陽貨がどんな顔を

して、どうしまつしたかは、孔子自身の関するところではなかったのである。

孝《こう》を問う

孟懿子《もういし》、孝《こう》を問う。子《し》いわく、違《たが》うことなかれと。樊遅御《はんちぎょ》たり。子《し》これに告《つ》げていわく、孟孫《もうそん》、孝《こう》を我《われ》に問う。我対《われこた》えていわく、違《たが》うことなかれと。樊遅《はんち》いわく、何の謂《いい》ぞやと。子《し》いわく、生《せい》にはこれに事《つか》うるに礼《れい》を以《もっ》てし、死にはこれを葬《ほうむ》るに礼を以《もっ》てし、これを祭るに礼を以《もっ》てすと。

——為政篇《いせいへん》

季孫《きそん》、叔孫《しゅくそん》、孟孫《もうそん》の三氏は、ともに桓公《かんこう》の血すじをうけた魯《ろ》の御三家《ごさんけ》で、世にこれを三《さん》桓《かん》と称した。三桓《さんかん》は代々大夫《たいふ》の職を襲《つ》ぎ、孔子《こうし》の時代には、相《あい》むすんで政治を私《わたくし》し、私財《しざい》を積み、君主《くんしゅ》を無視し、あるいはこれを追放《ついほう》するほど、専横《せんおう》の限りを尽くして、国民怨嗟《えんさ》の的《まと》になっていた。

孔子は、ひところ定公《ていこう》の信任をうけて、中都《ちゅうと》の宰《さい》となり、司空《しくう》となり、ついに大司寇《だいしこう》となって、宰相《さいしょう》の職務をも摂行《せっこう》するようになったが、この間《かん》、彼はたえず三桓《さんかん》の勢力を殺《そ》ぐことに努《つと》めた。そして、どうなり、叔《しゅく》・孟《もう》の二氏を閉息《へいそく》せしめることに成功したが、おしまいに、季氏《きし》を押さえる段《だん》になって、計画が水泡《すいほう》に帰《き》し、一方、定公は斉《せい》の国の誘惑《ゆうわく》にのって、季氏《きし》とともに美女にたわむれ、宴楽《えんらく》にふけり、いつとはなしに彼を疎《うと》んずるようになったので、彼も、ついに望みを魯《ろ》の政治に絶《た》ち、職を退《しりぞ》いて漂浪《ひょうろう》の旅に出ることになったのである。

だが、話は孔子《こうし》がまだ官途《かんと》についてまもないころのことである。一日、孟懿子《もういし》——孟家《もうけ》の当主——は、孔子を訪ねて、殊勝《しゅしょう》らしく孝《こう》の道をたずねた。

孟懿子《もういし》の父は孟釐子《もうきし》といって、すぐれた人物であり、その臨終《りんじゅう》には、懿子《いし》を枕元《まくらもと》に呼んで、そのころまだ一青年に過《す》ぎなかった孔子の人物をたたえ、自分の死後には、かならず孔子に師事《しじ》するように言い残した。

懿子《いし》は、父の遺言《ゆいごん》に従って、それ以来、弟の南宮敬叔《なんぐうけいしゅく》とともに、孔子に礼《れい》を学んできたのであるが、彼の学問の態度には、少しもまじめさがなかった。彼が孝《こう》の道を孔子にたずねたのも、父に対する思慕《しぼ》の念《ねん》からというよりは、その祭祀《さいし》を荘厳《そうごん》にして、自分の権勢《けんせい》を誇示《こじ》したい底意《そこい》からだった、と想像されている。

孟孫氏《もうそんし》の家廟《かびょう》の祭りが近まっていること、そしてその計画の内容がどんなものであるか

を、うすうす耳にしていた孔子は、懿子《いし》の質問の底意《そこい》をすぐ見抜《みぬ》いてしまった。で、彼はごく簡単に、

「違《たが》わないようになさるがよろしかろう」

と答えた。

懿子《いし》は、その意味がわかってか、わからないでか、あるいは、わかっても知らん顔をする方が都合《つごう》がいいと考えてか、重《かさ》ねて問いただしてもみないで、帰って行ってしまった。

孔子《こうし》は、いくらかそれが気がかりにならないでもなかったのである。

（もし、孟孫氏《もうそんし》に、はなはだしい僣上沙汰《せんじょうざた》でもあれば、それは孟孫氏《もうそんし》一家の問題だけでなく、魯《ろ》の国の問題であり、ひいては天下の道義《どうぎ》を紊《みだ》ることにもなる。それに、万一、自分に一応の相談をした、とでもいいふらされると、これから自分がやっていこうとする政治の精神を、傷《きず》つけることにもなる。できれば、自分のいった意味をはっきりさしておくに越《こ》したことはない。しかし、祭典《さいてん》の計画について、直接の相談もうけないで、こちらからそれをいい出すのも非礼《ひれい》だ。なんとか方法はないものだろうか）

孔子はそんなことを考えて、いい機会の来るのをねらっていた。

ところが、ある日、樊遅《はんち》が孔子の供《とも》をして、馬車を御《ぎょ》することになった。樊遅《はんち》は孔子の

若い門人《もんじん》の一人である。武芸《ぶげい》に秀でているために、孟孫氏《もうそんし》に愛されて、しばしばその門に出入りする。孔子は、彼ならば、自分の意志をはっきり孟懿子《もういし》に伝えてくれるだろうと考えた。

「せんだって珍しく孟孫《もうそん》がたずねて来て、孝道《こうどう》のことをきいていたよ」

孔子は御者台《ぎょしゃだい》にいる樊遅《はんち》に話しかけた。

「はあ――」

「で、わしは、違わないようになさるがよい、と答えておいた」

「はあ――」

樊遅《はんち》はなんのことだかわからなかった。「違わない」というのは、親の命令に背《そむ》かないという意味にもとれるが、孟懿子《もういし》には、もう親はない。そう考えて、彼は手綱《たづな》をさばきながら、しきりと首をひねった。

「どう思う、お前は?」

孔子《こうし》は答えを促《うなが》した。しかし樊遅《はんち》は、もう一度「はあ」と答えるよりしかたがなかった。

彼はそう答えておいて、これまで門人たちが孝道についてたずねた時の孔子の教えを、彼の記憶の中からさがしてみた。まず思い出されたのは、孟懿子《もういし》の息子の孟武伯《もうぶはく》の問いに対する答えであった。

「[1]父母は子どもの病気をなによりも心配するものだ」

ただそれっきりだった。いつも病気ばかりしている孟武伯《もうぶはく》に対する答えとして、それはあたりまえのことに過《す》ぎなかった。

次は子游《しゆう》に対する答えである。

「[2]現今では、親を養《やしな》ってさえいれば、それを孝行《こうこう》だといっているようだが、おたがい犬や馬までも養っているではないか。孝行《こうこう》には敬《うやま》いの心がたいせつだ。もしそれがなかったら、犬馬《けんば》を養うのとなんの択《えら》ぶところもない」

これも別《べつ》にむずかしいことではない。子游《しゆう》にいささか無作法《ぶさほう》なところがあるのを思い合わせると、孔子《こうし》の心持ちもよくわかる。

もう一つは、子夏《しか》の問いに対する答えだが、それは、

「[3]むずかしいのは温顔《おんがん》をもって父母に仕《つか》えることだ。親に代《か》わって仕事に骨を折ったり、ご馳走《ちそう》があるとそれを親にすすめたりするだけでは、孝行《こうこう》だとはいえない」

というのであった。これも子游《しゆう》に対するのと大同小異《だいどうしょうい》で、少々怒《おこ》りっぽい子夏《しか》に対する答えとしては、まず当然だ。

そこまで考えてきて、樊遅《はんち》はもう一度「違わない」という言葉の意味を考えてみた。だが、やはりわからなかった。で、彼は、孝《こう》に関する、ありとあらゆる孔子の教えを、ひととおり胸の中でくり返してみた。

「[4]父母の存命中は親のもとを離《はな》れて遠方《えんぽう》に行かないがいい。もしやむを得ずして行く場合は、行く先を定めておくべきだ」

「[5]父母の年齢《ねんれい》は忘れてはならない。一つには、長生きを喜ぶために、二つには、余命《よめい》いくばくもなきを懼《おそ》れて、孝養《こうよう》を励《はげ》むために」

「[6]父の在世中は、子の人物をその志《こころざし》によって判断され、父が死んだらその行動によって判断される。なぜなら、前の場合は子の行動は父の節制《せっせい》に服《ふく》すべきであり、後《あと》の場合は本人の自由であるからだ。しかし、後《あと》の場合でも、みだりに父の仕来《しき》たりを改むべきではない。父に対する思慕哀惜《しぼあいせき》の情が深ければ、改むるに忍《しの》びないのが自然だ。三年父の仕来《しき》たりを改めないで、ひたすらに喪《も》に服する者にして、はじめて真《しん》の孝子《こうし》といえる」

「[7]閔子騫《びんしけん》はなんという孝行者《こうこうもの》だ。親兄弟が彼をいくらほめても、だれ一人それを非難するものがない」

こんなことばがつぎつぎに思い出された。樊遅《はんち》は、しかし、自分に実行ができるかできないかは別《べつ》として、言葉の意味だけは、そうむずかしいとは思わなかった。

(違わない、違わない、——何のことだろう)

と、もう一度彼は首をひねった。そして最後に次の言葉を思い起こした。

「[8]父母に仕《つか》えて、その悪《あく》を黙過《もっか》するのは子《こ》の道ではない。ことばを和《やわ》らげてこれを諫《いさ》むべきだ。もし父母がきかなかったら、いっそう敬愛《けいあい》の誠《まこと》を尽くし、機《おり》を見ては諫《いさ》めて、違《たが》わないようにせよ。どんなに苦しくても、父母を怨《うら》んではならない」

樊遅《はんち》は喜んだ。それはその中に、「違わない」という言葉が見つかったからである。しかし、数秒の後には、彼の頭はかえってそのために混乱し始めた。というのは、さっき孔《こう》子《し》のいった「違《たが》わない」と、この言葉の中の「違わない」とは、まるで意味が違っていそうに思えたからである。後の場合の「違わない」は、第一、父母の存命中のことである。それに、前後の関係から判断しても、初一念《しょいちねん》を貫《つらぬ》けという意味に相違《そうい》ない。父母を亡《な》くしたあとの「違わない」ということが、それと同じ意味だとは、どうしても思えない。言葉が同じだけなのに、彼はいよいよ判断に苦しんだ。

「えらく考えこんでいるようじゃな」

孔子《こうし》はまた答えを促《うなが》した。樊遅《はんち》は、少しいまいましいと思ったが、とうとう兜《かぶと》をぬいでしまった。

「さっきから考えていますが、どうも私にはわかりません」

「お前にわからなければ、孟孫《もうそん》にはなおさらわかるまい。少し言葉が簡単すぎたようじゃ」

「いったい、どういう意味なのでございましょう」

「わしのつもりでは、礼《れい》に違《たが》わないようにしてもらいたい、と思ったのじゃ」

「なるほど――」

樊遅《はんち》は、案外平凡《へいぼん》だという感じがして、こんなことなら、あんなに考えるのではなかった、と思った。

孔子はつづけた。

「つまり、父母の生前《せいぜん》には礼《れい》をもって仕《つか》え、死後には礼をもって葬《ほうむ》り、また礼をもって祭る、それが孝《こう》だというのじゃ」

「しかし、そんな意味なら、いまさら先生にいわれなくても、孟懿子《もういし》もわかっていられるでしょう。もう、永《なが》いこと礼《れい》を学んでいられるのですから」

「さあ、わしにはそうは信じられない」

「でも、近々《ちかぢか》行われるお祭りには、ずいぶんご丁重《ていちょう》だといううわさですが……」

「お前もそのことを聞いているのか」

「こまかなことは存じませんが、なんでも、これまでとは比較にならぬほど、りっぱになさるご計画だそうです」

「これまでどおりではいけないのか」

「いけないこともありますまいが、丁重《ていちょう》の上にも丁重になさりたいのが、せめて子としての……」

「樊遅《はんち》！」

と孔子《こうし》の声が少し高くなった。

「お前にも、まだ礼《れい》の心はよくわかっていないようじゃな」

樊遅《はんち》は思わず御者台《ぎょしゃだい》からふり返って、ちらりと孔子の顔を見た。孔子の顔には、別《べつ》に変わったところは見られなかったが、その声には、ますます力がこもってきた。

「9礼は簡《かん》に失《しっ》してもならないが、また過《す》ぎてもならない。過ぎたるはなお及《およ》ばざるがごとしじゃ。人間にはそれぞれに分《ぶん》というものがあるが、その分《ぶん》を上下しないところに、礼の正しい相《そう》がある。分《ぶん》を越《こ》えて親を祭るのは、親の霊《れい》をして非礼《ひれい》を亨《う》けしめることになるのじゃ。のみならず、大夫《たいふ》の非礼はやがて天下を紊《みだ》るもとになる。親の霊をして天下を紊《みだ》るような非礼を亨《う》けしめて、なにが孝行《こうこう》じゃ」

樊遅《はんち》には、もう後《うし》ろをふり返る勇気がなかった。彼は、正面《しょうめん》を向いたきり、石のように固くなって、ほとんど機械的に手綱《たづな》をさばいていた。

彼が孔子《こうし》を送り届けたあと、すぐその足で孟懿子《もういし》をたずねたのはいうまでもない。そして、もし孟懿子《もういし》が、自己の権勢《けんせい》を誇示《こじ》するためでなく、真《しん》に死者の霊《れい》に奉仕したい一心から、祭典を行おうとしていたのだったら、樊遅《はんち》のこの訪問は、彼にとって、すばらしい意義をもつことになったに相違《そうい》ない。しかし、そのことについては、記録はわれわれに何事も告げてはいない。

1 孟武伯《もうぶはく》、孝《こう》を問う。子《し》いわく、父母はただその疾《やまい》をこれ憂《うれ》うと。（為政《いせい》篇）

2 子游《しゆう》、孝《こう》を問う。子《し》いわく、今の孝《こう》は、これ能《よ》く養《やしな》うをいう。犬馬《けんば》に至《いた》るまで、皆《みな》能《よ》く養《やしな》うことあり。敬《けい》せずんば何を以《もっ》て別《わか》たんやと。（為政《いせい》篇）

3 子夏《しか》、孝《こう》を問う。子《し》いわく、色難《いろかた》し。事《こと》あるときは弟子《ていし》その労《ろう》に服し、酒食《しゅし》あるときは先生に饌《せん》す。かつてこれを以《もっ》て孝《こう》と為《な》すかと。（為政《いせい》篇）

4 子《し》いわく、父母《ふぼ》在《いま》さば遠く遊《あそ》ばず。遊《あそ》ばば必ず方《ほう》ありと。（里仁《りじん》篇）

5 子《し》いわく、父母《ふぼ》の年《とし》は知らざるべからざるなり。一はすなわち以《もっ》て喜び、一はすなわち以《もっ》て懼《おそ》ると。（里仁《りじん》篇）

6 子《し》いわく、父在《いま》さばその志《こころざし》を観《み》、父没《ぼっ》せばその行《おこない》を観《み》る。三年父の道を改《あらた》むることなきは、孝《こう》というべしと。（学而《がくじ》篇）

7 子《し》いわく、孝《こう》なる哉閔子騫《かなびんしけん》。人《ひと》その父母昆弟《ふぼこんてい》の言《げん》を間《かん》せずと。（先進《せんしん》篇）

8 子《し》いわく、父母に事《つか》えては幾諫《きかん》す。志《こころざし》の従わざるを見ては、また敬《けい》して違《たが》わず、労《ろう》して怨《えん》みずと。（里仁《りじん》篇）

9 子貢《しこう》問う。師《し》と商《しょう》とはいずれか賢《まさ》れると。子《し》いわく、師《し》や過《す》ぎたり、商《しょう》や及《およ》ばずと。いわく、しからばすなわち師愈《まさ》れるかと。子《し》いわく、過《す》ぎたるはなお及《およ》ばざるがごとしと。（先進《せんしん》篇）

楽長《がくちょう》と孔子《こうし》の目

子《し》、魯《ろ》の大師《たいし》に楽《がく》を語《つ》げていわく、楽《がく》はそれ知るべきなり。始めて作《おこ》すとき翕如《きゅうじょ》たり。これを従《はな》てば純如《じゅんじょ》たり。皦如《きょうじょ》たり。繹如《えきじょ》たり。以《もっ》て成《な》ると。

——八佾《はちいつ》篇

魯《ろ》の楽長《がくちょう》は、式場から自分の控《ひか》え室《しつ》に帰ると、少し自棄《やけ》気味《ぎみ》に、窮屈《きゅうくつ》な式服を脱ぎすてて、椅子《いす》によりかかった。彼は、自分の心を落ちつけようとして、その芸術家らしい青白い頬《ほお》に、強《し》いて微笑《びしょう》を浮かべてみたり、両足を卓《つくえ》の上に投げ出して、わざとだらしないふうを装《よそお》ってみたりしたが、そんなことでは、彼の気持はどうにもならなかった。

(奏楽《そうがく》の失敗が、もうこれで三度目だ)

そう思うと、彼の心臓は、一滴《てき》の血も流されていないかのように、冷たくなった。

彼が、こんなに惨《みじ》めな失敗をくり返すようになったのは、不思議《ふしぎ》にも、孔子《こうし》が司空《しくう》の職を奉じて、彼の上にすわるようになってからのことである。孔子は、これまでの司空《しくう》とちがって、非常な部下思いで、めったに怒《おこ》った顔を見せたこともないのだが、どういうものか、いざ奏楽《そうがく》となると、楽長《がくちょう》の手がにぶってしまう。むろん孔子《こうし》は、音楽の道にずいぶん深くはいっている人だから、楽長《がくちょう》としても、彼を甘くみるわけにはいかない。しかし、そのために手が固くなるのだとは楽長自身も考えていない。

(なるほど孔子は音楽の理論には長《ちょう》じているだろう。しかし、実際楽器《がっき》を握《にぎ》っての技術にかけては、なんといっても自分の方が玄人《くろうと》だ)

そう彼は自信している。それにもかかわらず、こう頻々《ひんぴん》と失敗するのは、どういうわけだろう。腹も立つ。恥《は》ずかしくもある。しかし、事実はいかんともしがたい。

彼は、両手の指を髪《かみ》の毛《け》に突っこんで、卓《つくえ》の上に顔を伏《ふ》せた。自分の腑甲斐《ふがい》なさが、たまらないほど怨《うら》めしくなってくる。そして、その感じは、しだいに孔子に対する怨恨《えんこん》にすら変わっていくのであった。彼は、それに気がつくと、驚いて顔をあげた。そして、この忌《いま》わしい感じを払《はら》いのけるように、両手を胸の前で振《ふ》った。

その瞬間、彼はちらと自分の目の前にある光が横切《よこぎ》るように感じた。孔子の目の光である。湖のような静かな、しかもかすかに微笑《びしょう》を含んだ孔子の目の輝きである。彼は、ふとなにか思い当たることでもあったように立ち上がった。

（そうだ、あの目だ！）

と、彼は心の中で叫《さけ》んだ。

（あの目にぶっつかると、おれは喉《のど》も手も急に硬《こわ》ばってくるような気がするんだ。今日《きょう》もたしかにそうだった。おれの手が狂いだしたのは、奏楽《そうがく》の最中《さいちゅう》に孔子《こうし》の目にぶっつかってからのことだ）

彼は、部屋の中を歩き回りながら、しきりに小首《こくび》をかしげた。しかし、しばらく歩き回っているうちに、少しばかばかしいような気がしてきた。

（孔子の目が、おれの音楽を左右するなんて、そんなばかげたことがあるものか）

彼は、いまいましそうに、窓からぺっと唾《つば》を吐《は》いて、青空を仰《あお》いだ。すると、彼は、そこにもう一度、ちらと孔子の目を見た。相変《あいか》わらず微笑《びしょう》を含んだ深い目である。

（やっぱり、あの目だ）

彼は、消え去った孔子の目を追い求めるように、なにもない青空を、いつまでも見つめていた。

「司空《しくう》様がお呼びでございます」

いつの間《ま》にはいって来たのか、一人の小姓《こしょう》が、彼のすぐ後《うし》ろから、そういった。彼は返事をする代《か》わりに、ばね仕掛《じか》けの人形のように、卓《つくえ》のそばまで行って、せかせかと服装を整《ととの》えた。

彼は孔子の部屋にはいるまで、ほとんど夢中《むちゅう》だった。彼ははいってみて、しんとした部屋の、うす暗い奥に、端然《たんぜん》とすわつている孔子《こうし》を見いだして、はじめてわれに返った。呼ばれた理由をはっきり意識したのも、その時であった。

彼は、しかし、もううろたえても恐《おそ》れてもいなかった。粛然《しゅくぜん》とした空気の中に、彼はかえって安堵《あんど》に似た感じを味わうことができた。そして、もう一度、

(やっぱり、あの目だ)

と、心の中でくり返した。

孔子は楽長《がくちょう》を座につかせると、少し居《い》ずまいをくずしていった。

「どうじゃ、よく反省してみたかの」

楽長《がくちょう》は、自分の今日《きょう》の失敗については一言も言われないで、まっしぐらにそんな問いをかけられたので、かえって返事に窮《きゅう》した。

「それだけの腕《うで》があり、しかも懸命《けんめい》に努《つと》めていながら、三たび失敗をくり返すからには、なにか大きな根本的の欠陥《けっかん》が、君の心の中にあるに相違《そうい》ない。自分で思い当たることはな

いのか」

「どうも恥《は》ずかしい次第《しだい》ですが、思い当たりません」

「考えてはみたのか」

「それは、もうたびたびのことで、私としても考えずにはおれません」

「はっきりつかめないにしても、なにか思い当たることがあるだろう」

「それはあります、しかし、それがどうも、あまりばかげたことでございまして」

「案外《あんがい》ばかげたことでないかもしれない。はっきりいってみたらどうじゃな」

「それにしましても……」

「やはりいえないのか。じゃが、わしにはわかっている」

「は？」

「無遠慮《ぶえんりょ》にいうと、君にはまだ邪心《じゃしん》があるようじゃ」

楽長《がくちょう》は邪心《じゃしん》といわれたので、驚いた。さっき孔子《こうし》を怨《うら》む心がきざしたのを、もう見ぬかれたのかしら、と疑った。

孔子はそれに頓着《とんちゃく》なく、

「[1]詩でも音楽でも、究極《きゅうきょく》は無邪《むじゃ》の一語に帰《き》する。無邪《むじゃ》にさえなれば、下手《へた》は下手《へた》なりで、まことの詩ができ、まことの音楽が奏《かな》でられるものじゃ。この自明《じめい》の理《り》が、君にはまだ体《たい》得《とく》できていない。腕《うで》は達者《たっしゃ》だが、惜《お》しいものじゃ」

楽長《がくちょう》は、もう黙ってはおれなくなった。

「先生、なるほど私は今日《きょう》の失敗について、どうしたはずみか、ちょっと先生を怨《うら》みたいような気にもなりました。まことに恥《は》ずかしいことだと思っています。しかし、奏楽《そうがく》の時に、私に邪心《じゃしん》があったとは、どうしても思えません。私は、今度こそ失敗がないようにと、それこそ一生懸命《いっしょうけんめい》でございました」

「なるほど。……それで、どうしてしくじったのじゃ」

「それが実に妙《みょう》なきっかけからでございまして……」

「うむ」

「先生のお目にぶっつかると、すぐ手もとが狂い出してくるのでございます」

「ふふむ。すると、わしの目になにか邪悪《じゃあく》な影でも射《さ》しているのかな」

「どういたしまして。先生のお目は、それこそいつも湖水《こすい》のように澄《す》んでおります」

「たしかにそうかな」

「けっしてお世辞《せじ》は申しません」

「それがお世辞《せじ》でなければ、お前の見る目が悪いということになるのじゃが……」

楽長《がくちょう》は、自分の見る目が悪いとはどうしても思えなかった。で、

「そうおっしゃられますと、いかにも私に邪心《じゃしん》があるようでございますが……」

と、残念そうな口吻《こうふん》でいった。

「楽長《がくちょう》！」

と、孔子《こうし》は居《い》ずまいを正《ただ》して、射《い》るように楽長の顔を見つめながら、

「もっと思いきって、自分の心を掘《ほ》り下《さ》げてみなさい」

楽長《がくちょう》は思わず立ち上がって、棒《ぼう》のように固くなった。孔子《こうし》はつづけた。

「君は、奏楽《そうがく》の時になると、いつもわしの顔色《かおいろ》を窺《うかが》わずにはおれないのではないかな」

楽長は、なるほど、そういわれれば、そうだ、と思った。しかし、それが自分に邪心《じゃしん》のある証拠だとは、まだどうしても思えなかった。

孔子は、少し調子を柔《やわ》らげていった。

「もしそうだとすれば、それが君の邪心《じゃしん》というものじゃ。君の心の中では、この孔丘《こうきゅう》という人間が、いつも対立的なものになっている。君は、はっきり意識していないかもしれないが、君の奏楽《そうがく》にとって、わしの存在は一つの大きな障害なのじゃ。君の心はそのために

分裂する。したがって、君は完全に君の音楽に浸《ひた》りきることができない。そこに君の失敗の原因がある。そうは思わないかの?」

楽長はうなずくより仕方がなかった。孔子はそこで楽長を座《ざ》につかせて、言葉をつづけた。

「音楽の世界は一如《いちにょ》の世界じゃ。そこでは、いささかの対立意識も許されない。まず一人一人の楽手《がくしゅ》の心と手と楽器《がっき》とが一如《いちにょ》になり、楽手と楽手とが一如《いちにょ》になり、さらに楽手と聴《ちょう》衆《しゅう》とが一如《いちにょ》になって、翕《きゅう》如《じょ》として一つの機《おり》をねらう。これが未発《みはつ》の音楽じゃ。この翕《きゅう》如《じょ》たる一如《いちにょ》の世界が、機《き》到《いた》っておのずから振動を始めると、純《じゅん》如《じょ》として濁《にご》りのない音波が人々の耳朶《じだ》を打つ。その音はただ一つである。ただ一つであるが、その中には金音もあり、石音もあり、それらは厳《げん》に独自の音色《おんしょく》を保って、けっしておたがいに殺し合うことがない。皦《きょう》如《じょ》として独自を守りつつ、しかもただ一つの流れに合《がっ》するのじゃ。

こうして、時間の経過につれて、高低、強弱、緩急《かんきゅう》、さまざまの変化を見せるのであるが、その間、厘毫《りんごう》の隙《すき》もなく、繹《えき》如《じょ》として続いていく。そこに時間的な一如《いちにょ》の世界があり、永遠と一瞬との一致《いっち》が見いだされる。まことに音楽というものは、こうしたものじゃ。聞くとか聞かせるとかの世界ではない。まして、自分の腕《うで》と他人の腕を比べたり、音楽のわかる者とわからぬ者とを差別したりするような世界とは、似ても似つかぬ世界なのじゃ」

楽長《がくちょう》は、雲を隔《へだ》てて日を仰《あお》ぐような感じで、孔子《こうし》の音楽論を聞いていた。しかし、孔子の最後の言葉が彼の耳にはいった時、彼の胸は急にうずき出した。そして孔子に「邪心《じゃしん》がある」といわれてもしかたがない、と思った。

「ご教訓は身にしみてこたえました。ありがとう存じます。これからは、技術を磨《みが》くとともに、心を治《おさ》めることに、いっそう精進《しょうじん》いたす決心でございます」

彼は真心《まごころ》からそういって、孔子の部屋を出た。孔子は、しかし、彼の足音が遠くに消え去るのを聞きながら、思った。

(楽長《がくちょう》は、最高の技術は手や喉《のど》から生まれるものではなくて、心から生まれるものだ、ということだけは、どうやらわかったらしい。彼の音楽もこれからそろそろ本物になるだろう。だが彼は、私の音楽論がそのまま人生論でもある、ということには、まだ気がついていないらしい。究極《きゅうきょく》の目標を音楽の技術においている彼としては、あるいはやむを得ないことかもしれない。しかし急ぐことはない。いずれは彼も、人生のための音楽ということに目を覚《さ》ます時がくるであろう。彼は元来《がんらい》まじめな人間なのだから)

孔子《こうし》は、その日の儀式における楽長《がくちょう》の不首尾《ふしゅび》にもかかわらず、いつもよりかえって朗《ほが》らかな顔をして退出した。

1　子《し》いわく、詩三百、一言以《いちげんもっ》てこれを蔽《おお》う。いわく、思い邪《よこしま》なしと。（為政《いせい》篇）

犂牛《りぎゅう》の子

子《し》いわく、雍《よう》や南面《なんめん》せしむべしと。仲弓《ちゅうきゅう》、子《し》桑伯子《そうはくし》を問う。子《し》いわく、可《か》なり、簡《かん》なりと。仲弓《ちゅうきゅう》いわく、敬《けい》に居《お》りて簡《かん》を行い、以《もっ》てその民《たみ》に臨《のぞ》まば、また可《か》ならずや。簡《かん》に居《お》りて簡《かん》を行わば、すなわち大簡《たいかん》なることなからんやと。子《し》いわく、雍《よう》の言《げん》しかりと。

——雍也《ようや》篇

ある人いわく、雍《よう》や仁《じん》にして佞《ねい》ならずと。子《し》いわく、いずくんぞ佞《ねい》を用《もち》いん。人に禦《あた》るに口給《こうきゅう》を以《もっ》てし、しばしば人に憎《にく》まる。その仁《じん》なるを知らず、いずくんぞ佞《ねい》を用《もち》いんと。

——公冶長《こうやちょう》篇

子《し》、仲弓《ちゅうきゅう》をいう。いわく、犂牛《りぎゅう》の子、騂《あか》くして且《か》つ角《つの》よくば、用《もち》うることなからんと欲すといえども、山川《さんせん》それこれを舍《す》てんやと。

——雍也《ようや》篇

「仲弓《ちゅうきゅう》には人君《じんくん》のふうがある。南面《なんめん》して天下を治《おさ》めることができよう」

孔子《こうし》は、このごろ、仲弓《ちゅうきゅう》に対して、そういった最高の賛辞《さんじ》をすら惜《お》しまなくなった。仲弓《ちゅうきゅう》は寛仁大度《かんじんたいど》で、ものにこせつかない、しかも、徳行《とっこう》に秀《ひい》でた高弟《こうてい》の一人なので、それがまるで当たっていないとはいえなかった。しかし、それにしても、ほめようが少し大げさ過《す》ぎはしないか、といった気分は、門人《もんじん》たちのだれの胸にもあった。

仲弓《ちゅうきゅう》自身にしても、なんとなくうしろめたかった。彼は孔子《こうし》がかつて、

「道[1]にかなった忠言《ちゅうげん》には正面から反対する者はない。だがたいせつなことは過《あやま》ちを改めることだ。婉曲《えんきょく》な言葉はだれの耳にも心持ちよく響《ひび》く。だがたいせつなことは、その真意《しんい》のあるところを探ることだ。いい気になって真意を探ろうともせず、表面だけ従って過《あやま》ちを改めようとしない者は、まったく手のつけようがない」

といったことを思い起こした。孔子はあるいは、自分を「人君《じんくん》のふうがある」などとほめて、その実、なにかの欠点を婉曲《えんきょく》に諷刺《ふうし》しているのではあるまいか。そういえば、世間《せけん》では、子桑伯子《しそうはくし》と自分とを、同じ型の人物だと評しているそうだ。子桑伯子《しそうはくし》は物にこせつかない、いい男だが、少し大ざっぱ過《す》ぎるきらいがないでもない。あるいは自分にもそんな欠点があるのではなかろうか。自分だけでは、そんなことがないように気をつけているつもりではあるが。――彼はそんなことを考えて、ほめられたためにかえって不安になる

のであった。

かといって、孔子に対して、「そんな遠まわしをいわないで、もっとあからさまにいって下さい」ともいいかねた。もし孔子に、諷刺《ふうし》の意志がないとすると、そんなことをいい出すのは、礼《れい》を失《しっ》することになるからである。

で、彼は、ある日、それとなく子桑伯子《しそうはくし》についての孔子《こうし》の感想を求めてみた。彼は、もし孔子に諷刺《ふうし》の意志があれば、子桑伯子《しそうはくし》のことから、自然、話は自分の方に向いてくる、と思ったのである。ところが、孔子の答えはきわめてあっさりしたものであった。

「あれもいい人物じゃ。大まかなところがあってね」

孔子の口ぶりには、子桑伯子《しそうはくし》と仲弓《ちゅうきゅう》とを結びつけて考えてみようとする気ぶりさえなかった。仲弓はちょっとあてがはずれた。そこで、彼はふみこんでたずねた。

「大まかも、大まかぶりだと思いますが……」

「うむ。で、お前さんはどうありたいと思うのじゃ」

「平素敬慎《けいしん》の心をもって万事《ばんじ》を裁量《さいりょう》しつつ、しかもことを行うには大まかでありたいと思います。それが治民《ちみん》の要道ではありますまいか。平素《へいそ》も大まかであり、ことを行うにも大まかであると、とかく放慢《ほうまん》に流れがちだと思いますが……」

孔子は、黙ってうなずいたきりだった。仲弓《ちゅうきゅう》はもの足りなかった。だが、仕方なしに、それで引き下がることにした。

ところが孔子は、あとで他の門人《もんじん》たちに仲弓《ちゅうきゅう》の言《げん》を伝えて、しきりに彼をほめた。そしてふたたびいった。

「やはり仲弓《ちゅうきゅう》には仁君《じんくん》のふうがある」

仲弓はそれを伝え聞いて、ひどく感激した。しかし彼は、それでけっして安心するような人間ではなかった。彼は、自分が孔子《こうし》にいった言葉を裏切《うらぎ》らないように、ますます厳《げん》粛《しゅく》な自己省察《じこせいさつ》を行うことに努《つと》めた。彼はかつて孔子に「仁《じん》」の意義をたずねたことがあったが、その時孔子は、

「足歩門外に出たら、高貴《こうき》の客が目の前にいるような気持でいるがよい。人民に仕事を命ずる場合には、宗廟《そうびょう》の祭典《さいてん》にでも奉仕するようなつもりでいるがよい。そして自分の欲《ほっ》しないことを人に施《ほどこ》さないように気をつけよ。そしたら、邦《くに》に仕《つか》えても、家にあっても、怨《うら》みをうけることがないであろう」

と答えた。仲弓《ちゅうきゅう》は、孔子がこの言葉によって、彼に「敬慎《けいしん》」と「寛恕《かんじょ》」の二徳《とく》を教えたものと解《かい》して、

「きっとご教訓を守りとおします」
と誓《ちか》ったものだ。彼はその時の誓《ちか》いを、今でもけっして忘れてはいない。ほめられればほめられるほど、戒慎《かいしん》するところがなければならない、と、彼はいつも心を引きしめているのである。

ところで、彼にとって不幸なことには、彼の父は非常に身分の卑《いや》しい、しかも素行《そこう》の修《おさ》まらない人であった。で、門人《もんじん》たちの中には、彼が孔子《こうし》にほめられるのを、快《こころよ》く思わないで、とかく彼にけちをつけたがる者が多かった。ある時など、一人の門人が、孔子に聞こえよがしに、

「仲弓《ちゅうきゅう》もこのごろは仁者《じんしゃ》の列にはいったかしらないが、残念なことには弁舌《べんぜつ》の才がない」

などと放言《ほうげん》した。

孔子は、むろんそれを聞きのがさなかった。彼はきっとなってその門人にいった。

「なに、弁舌《べんぜつ》？——弁など、どうでもいいではないか」

門人は、ちょっとうろたえた顔をしたが、すぐしゃあしゃあとなって答えた。

「でも、あの調子では、諸侯《しょこう》を説《と》いてみたところで、相手にされないだろうと思います。惜《お》しいものです」

彼は、「惜《お》しいものです」という言葉に、ばかに力を入れた。それは心ある門人たちの顔をそむけさせるほど、変《へん》な響《ひび》きをもっていた。しかしなかには、にやにやしながら、孔子がどう答えるかを、おもしろそうに待っているものもあった。孔子は寒そうな顔をして、ちょっと目を伏《ふ》せたが、次の瞬間には、その目は鋭《するど》く輝いて、みんなを見回していた。

「口の達者《たっしゃ》なものは、とかくつまらんことをいい出すものじゃ。出まかせにいろんなことをいっているうちには、けっこう世の中の憎《にく》まれ者にはなるだろう。仲弓《ちゅうきゅう》が仁者《じんしゃ》であるかどうかは私は知らない。しかし彼は口だけは慎《つつ》しんでいるように見受ける。いや、口が達《たっ》者《しゃ》でなくても彼はしあわせじゃ。誠実《せいじつ》な人間には、口などどうでもいいことじゃでのう」

その場はそれですんだ。しかし仲弓《ちゅうきゅう》に対する陰口《かげぐち》はやはり絶《た》えなかった。いうことがなくなると、結局彼の身分がどうの、父の素行《そこう》がどうのという話になっていった。むろん、そんな話は、今に始まったことではなかった。実をいうと、孔子《こうし》が仲弓を特に称揚《しょうよう》し出したのも、その人物が実際優《すぐ》れていたからではあったが、なんとかして門人たちに彼の真価《しんか》を知らせ、彼の身分や父に関するうわさを話題にさせないようにしたいためであった。ところが、結果はかえって反対の方に向いていった。

孔子が彼をほめればほめるほど、彼の身分の卑《いや》しいことや、彼の父の悪行《あくぎょう》が門人たちの陰口《かげぐち》の種になるのだった。

　孔子[3]は暗然《あんぜん》となった。彼は女子《じょし》と小人《しょうじん》とが、元来《がんらい》いかに御《ぎょ》しがたいものであるかを、よく知っていた。それは彼らが、親しんでやればつけ上がり、遠ざけると怨《うら》むからであった。そして彼は、今や仲弓《ちゅうきゅう》をほめることによって、小人の心がいかに嫉妬心《しっとしん》によって蝕《むしば》まれているかを、まざまざと見せつけられた。彼は考えた。

（小人《しょうじん》がつけ上がるのも、怨《うら》むのも、また嫉妬心《しっとしん》を起こすのも、結局は自分だけがよく思われ、自分だけが愛されたいからだ。悪《あく》の根元《こんげん》はなんといっても自分を愛し過《す》ぎることにある。この根本悪《こんぽんあく》に目を覚《さ》まさせない限り、彼らはどうにもなるものではない）

　むろん彼[4]は、仲弓《ちゅうきゅう》の問題にかかわりなく、これまでにもその点に力を入れて門人《もんじん》たちを教育してきたのである。彼が努《つと》めて「利」について語ることを避《さ》け、たまたまそれを語ることがあっても、つねに天命《てんめい》とか、仁《じん》とかいうようなことと結びつけて話すように注意してきたのも、そのためである。また彼は、機会あるごとに、門人たちの我執《がしゅう》を戒《いまし》めた。

　そして、「自己[5]の意見にこだわって、無理強《むりじ》いにことを行ったり、禁止したりするのは君子《くんし》の道でない。君子の行動を律《りっ》するものは、ただ正義あるのみだ」と説き、彼自身[6]、細《さい》心《しん》の注意を払《はら》って、臆断《おくだん》を去り、執着《しゅうちゃく》を絶《た》ち、固陋《ころう》を矯《た》め、他との対立に陥《おちい》らぬように努《つと》めてきたものである。

だが、こうした彼の努力も、心境《しんきょう》の幼稚《ようち》な門人たちにはなんのききめもなかった。彼らには、天命《てんめい》が何だか、仁《じん》が何だか、まだかいもく見当《けんとう》がついていなかった。彼らは、ただ仲弓《ちゅうきゅう》にいくらかでもけちをつけさえすれば、自分たちが救われるような気がするのだった。こんな種類の門人たちに対しては、さすがの孔子《こうし》も手がつけられないので、いくたびか絶望に似た気持ちにさえなるのであった。

しかし、ただ一人の門人でも見捨てるのは、けっして彼の本意ではなかった。そして、考えに考えた末、彼はついに一策《いっさく》を思いついた。それは仲弓《ちゅうきゅう》にけちをつけたがる門人たちを五、六名つれて、郊外を散策《さんさく》することであった。

門人たちは、その日とくに孔子《こうし》のお供《とも》を命ぜられたことを、非常に光栄《こうえい》に感じた。彼らはいかにも得意《とくい》らしく、喜々《きき》として孔子のあとに従った。

田圃《たんぼ》には、あちらにもこちらにも、牛がせっせと土を耕《たがや》していた。

たいていの牛は毛が斑《まだら》であった。そして角《つの》が変《へん》にくねっていたり、左右の調和がとれていなかったりした。孔子はそれらにいちいち注意深く視線を注《そそ》いでいたが、そのうちに彼は、一頭の赤毛の牛に目をとめた。それはまだ若くて、つやつやと毛が陽《ひ》に光っていた。

角《つの》は十分伸《の》びきってはいなかったが、左右とも、ふっくらと半円を描《えが》いて、いかにも調《ととの》った格好《かっこう》をしていた。

孔子は、その牛の近くまで来ると、急に立ちどまって、門人たちにいった。

「みごとな牛じゃのう」

門人たちは、牛にはたいして興味がなかった。しかし、孔子にそういわれて、仕方なしにその方に目をやった。

「あれなら、大丈夫祭壇《さいだん》の犠牲《いけにえ》になりそうじゃ」

門人たちは、孔子が犠牲《いけにえ》を探すために、今日《きょう》自分たちを郊外に連れ出したのだと思った。で彼らは元気よく相《あい》づちをうち出した。

「なるほどみごとな牛でございます」

「まったく惜《お》しいではございませんか、こうして田圃《たんぼ》に働かせておくのは」

「この辺にちょっとこれだけの牛はみつかりますまい」

「お買い上げになるのでしたら、すぐあたってみましょうか」

孔子《こうし》は、しかし、それには答えないで、また歩き出した。そして独《ひと》り言《ごと》のようにいった。

「まったく珍しい牛じゃ。しかし血統《ちすじ》が悪くては物になるまい」

門人たちは顔を見合わせた。犠牲《いけにえ》にするには、毛色が赤くて角《つの》がりっぱでさえあれば、それでいいとされている。これまで牛の血統が問題にされた例《ためし》をきいたことがない。なんで、孔子がそんなことをいい出したものだろう、と彼らは不思議《ふしぎ》に思った。

「血統など、どうでもいいではございませんか」

とうとう一人がいった。

「かりに斑牛《まだらうし》の子であっても、天地山川の神々はおきらいはされぬかの」

「大丈夫《だいじょうぶ》だと思います。本物がりっぱでさえあれば」

「そうか。お前たちもそう信ずるのか。それで私も安心じゃ」

門人たちは、また顔を見合わせた。彼らは孔子が何をいおうとしているのか、さっぱり見当《けんとう》がつかなかったのである。

孔子《こうし》は、それっきり黙々《もくもく》として歩きつづけた。そしてものの半町《はんちょう》〔約五〇メートル〕も行ったころ、ふと思い出したようにいった。

「それはそうと、仲弓《ちゅうきゅう》はこのごろどうしているかね。あれも斑牛《まだらうし》の子で、神様のお気《き》に召《め》さないというわさも、ちょいちょい聞くようじゃが。……」

門人たちは、三度顔を見合わせた。しかし、彼らの視線は、今度はすぐばらばらになって、めいめいに自分たちの足さきを見つめた。孔子はつづけた。

「しかし、お前たちのように、血統など問題にしない人があると知ったら、彼も喜ぶにちがいない。わしもうれしい。……[7]いや君子《くんし》というものは、人の美点《びてん》を助長して、けっして人の欠点に乗《じょう》ずるようなことはしないものじゃ。しかし世の中には、とかくそのあべこべをいこうとする小人が多くてのう」

　門人たちは、孔子についていて歩くのが、もうたまらないほど苦しくなってきた。

「ずいぶん歩いたようじゃ。そろそろ帰るとしようか」

　孔子は踵《きびす》を返した。そして、赤毛の牛を指《ゆび》さしながら、ふたたびいった。

「みごとな牛じゃ。あれならきっと神様の思召《おぼしめ》しにかないそうじゃのう」

　門人たちが、孔子のこうした教訓によって、まじめに自己を反省する機縁《きえん》をつかみ得たかは、まだ疑問であった。しかし、それ以来、仲弓《ちゅうきゅう》の身分や、彼の父の素行《そこう》が、彼らの話題にのぼらなくなったことだけは確《たし》かである。もっとも、このことは仲弓《ちゅうきゅう》自身にとっては、どうでもいいことであった。彼はただ自《みずか》らを戒慎《かいしん》することによって、孔子の知遇《ちぐう》に応《こた》えればよかったのだから。

1　子《し》いわく、法語《ほうご》の言《げん》は能《よ》く従うことなからんや、これを改むるを貴《とうと》しと為《な》す。巽与《そんよ》の言《げん》は能《よ》く説《よろこ》ぶことなからんや、これを繹《たず》ぬるを貴《とうと》しと為《な》す。説《よろこ》びて繹《たず》ねず、従いて改《あらた》めずんば、吾《われ》これをいかんともすることなきのみと。（子罕《しかん》篇）

2　仲弓《ちゅうきゅう》仁を問う。子《し》いわく、門《もん》を出《い》でては大賓《たいひん》に見ゆるが如《ごと》くし、民《たみ》を使うには大祭《たいさい》に承《う》くるが如《ごと》くせよ。己《おのれ》の欲《ほっ》せざる所は人に施《ほどこ》すことなかれ。邦《くに》に在《あ》りても怨《うら》みなく、家に在《あ》りても怨《うら》みなからんと。仲弓《ちゅうきゅう》いわく、雍不敏《ようふびん》なりといえども、請《こ》うこの語を事《こと》とせんと。（顔淵《がんえん》篇）

3　子《し》いわく、唯女子《ただじょし》と小人《しょうじん》とは養《やしな》い難《がた》しと為《な》す。これを近づくればすなわち不孫《ふそん》なり。これを遠ざくればすなわち怨《うら》むと。（陽貨《ようか》篇）

4　子罕《しまれ》に利《り》を言えば、命《めい》と与《とも》にし、仁《じん》と与《とも》にす。（子罕《しかん》篇）

5　子《し》いわく、君子《くんし》の天下におけるや、適《てき》なきなり。漠《ばく》なきなり。義《ぎ》にこれ与《とも》に比《したが》うと。（里仁《りじん》篇）

6　子《し》、四《し》を絶《た》つ。意《い》なく、必《ひつ》なく、固《こ》なく、我《が》なし。（子罕《しかん》篇）

7　子《し》いわく、君子《くんし》は人の美《び》を成《な》し、人の悪《あく》を成《な》さず、小人《しょうじん》はこれに反《はん》すと。（顔淵《がんえん》篇）

異聞《いぶん》を探る

陳亢《ちんこう》、伯魚《はくぎょ》に問《と》いていわく、子《し》もまた異聞《いぶん》あるかと。対《こた》えていわく、未《いま》だし。かつて独《ひと》り立てり。鯉趨《りはし》りて庭を過《す》ぐ。いわく、詩を学びたるかと。対《こた》えていわく、未《いま》だしと。詩を学ばずんば、以《もっ》ていうことなしと。鯉《り》退《しりぞ》きて詩を学べり。他日《たじつ》また独《ひと》り立てり、鯉趨《りはし》りて庭を過《す》ぐ。いわく、礼《れい》を学びたるかと。対《こた》えていわく、未《いま》だしと。礼《れい》を学ばずんば以《もっ》て立つことなしと。鯉《り》退《しりぞ》きて礼《れい》を学べり。この二者《にしゃ》を聞けりと。陳亢《ちんこう》退きて喜びていわく、一を問いて三を得たり。詩を聞き、礼を聞き、また君子《くんし》のその子《こ》を遠ざくるを聞けりと。

——季氏《きし》篇

陳亢《ちんこう》は字《あざな》を子禽《しきん》といった。

彼は、孔子《こうし》の教えをうけるために、はるばる陳《ちん》の国から魯《ろ》にやって来たのであるが、門人《もんじん》がうようよしていて、彼のような年の若い新参者《しんざんもの》が、個人的に直接孔子に言葉をかけてもらう機会など、めったに得られなかった。で、ふだんは高弟《こうてい》の子貢《しこう》に師事《しじ》して、その指導をうけながら、孔子《こうし》の一言一行《いちごんいっこう》を、間接にでも知りたいと、たえず心を配《くば》っていた。

　彼はある時、子貢《しこう》に対して妙《みょう》な質問を試《こころ》みた。

「あなたは、孔夫子《こうふうし》に対して、枉《ま》げて弟子《ていし》の礼《れい》を執《と》っていられるのではありませんか。どうも私には、あなたが孔夫子《こうふうし》よりも賢《まさ》っていらっしゃるように思えますが」

　この質問は、彼の孔子を知りたい一念から出たものではあったが、また、ある程度《ていど》彼の本音《ほんね》でもあった。というのは、たまに接する孔子が、「[1]自分は生まれながらにしてなにも知っている者ではない。古聖《こせい》の道を好んで、ただ孜々《しし》として求めて倦《う》まないものだ」とか、「[2]徳の脩《おさ》まらないこと、学問の研究の深まらないこと、正義を聞いて実行のできないこと、不善を改めることのできないこと、これが自分の憂《うれ》いとしているところだ」とか、また「[3]黙々として道理を識《し》り、学んで厭《あ》かず人に誨《おし》えて倦《う》まないというのは容易でない。自分はその中《うち》の一つでもできてはいないようだ」とか、そういった地味《じみ》なことばかりいっているのに比べて、子貢《しこう》のいかにも華《はな》やかで、てきぱきした弁才《べんさい》が、彼の心に眩《まぶ》しく映《うつ》っていたからである。

　しかし、この質問に対しては、子貢《しこう》もさすがにきっとなって答えた。

[4]「君子は軽率《けいそつ》にものをいってはならない。一言で知者《ちしゃ》ともされ、不知者ともされるのだから。私が孔夫子《こうふうし》に及《およ》ばないのは、ちょうど、はしごで天に昇《のぼ》ることができないのも同じだ。もし孔夫子が志《こころざし》を得られて、一国を治《おさ》むる地位にでも立たれたら、それこそ古語《こご》に謂《い》われる『之《これ》を立《た》つれば斯《ここ》に行《しがた》い、之《これ》を綏《やす》んずれば斯《ここ》に来《きた》り、之《これ》を動《うご》かせば斯《ここ》に和《やわ》らぐ。其《そ》の生《せい》や栄《さか》え、その死《し》や哀《かな》しむ』とあるとおり、民生《みんせい》も豊かに、道義も行われ、人民は帰服《きふく》して平和を楽しみ、孔夫子《こうふうし》が生きていられる間はその政治を謳歌《おうか》し、亡《な》くなられると父母に別れたように悲しむだろう。そうした力が私にあろうはずがない。比較されただけでも、耳がつぶれそうだ」

陳亢《ちんこう》には、それでもまだ孔子《こうし》の人物がはっきりしなかった。彼は、またある時たずねた。

[5]「孔夫子はどこの国に行かれても、必ずその国の政治になにかの形で関与《かんよ》されるようですが、それは孔夫子《こうふうし》が自《みずか》らお求めになってのことでしょうか、それとも君主《くんしゅ》の方からその機会を与えられてのことでしょうか」

こうたずねた陳亢《ちんこう》の腹の底には、孔子は案外功名心《こうみょうしん》の強い人ではなかろうか、どこの国に行っても長持ちしないのも、あるいはそのためであるかもしれない、という考えがあった。

それに対して子貢《しこう》は答えた。

「孔夫子《こうふうし》の容貌《ようぼう》や言動《げんどう》には、温《おん》・良《りょう》・恭《きょう》・倹《けん》・譲《じょう》の五つの徳《とく》が、おのずから溢《あふ》れている。各国の君主《くんしゅ》はそれに接すると、自然政治のことをたずねてみないわけにはいかなくなるのだ。だから、多くの人が、媚《こ》びたり、へつらったりして、官位を求めるのとはまったくちがっている。いわば徳をもって求められていられるのだ。孔夫子《こうふうし》が自分の徳を用うることのできない国では、けっしてその地位に恋々《れんれん》とされないわけも、それではっきりするだろう」

陳亢《ちんこう》は、自分の私淑《ししゅく》している子貢《しこう》の口から、しばしばそんなことを聞いているうちに、いくぶんかずつ孔子《こうし》がわかってくるような気がした。同時に彼は、孔子にしみじみ接しうる機会がめったに得られないのを、いっそう残念に思わずにはいられなかった。

なによりも悪いことには、彼が子貢《しこう》に対して孔子の人物をたずねた時の言葉でもわかるように、彼はいくぶん疑い深い性質であった。そうひどくひねくれているというほどでもなかったが、物事をちょっと悪く解釈してみる癖《くせ》が、なにかにつけ出るのであった。(新参者《しんざんもの》であるために、そして魯《ろ》の人間でないために、自分はいい加減《かげん》にあしらわれているのではないだろうか。いったいなら、遠来《えんらい》の新参者にこそ、もっと懇切《こんせつ》であっていいはずなのだが。……そういえば、孔夫子《こうふうし》が目に入れても痛《いた》くないほど愛していられる顔回《がんかい》をはじめ、子路《しろ》、閔子騫《びんしけん》、冉伯牛《ぜんはくぎゅう》といったような連中は、みんな魯《ろ》の生まれだ。自分のもっとも尊敬している子貢《しこう》は、顔回《がんかい》や子路《しろ》ほど孔夫子《こうふうし》の覚えがめでたくないそうだが、あるいは彼が衛《えい》の人間だからではあるまいか）

さほど深刻というほどでもなかったが、彼は、ついそんなことまで考えるのであった。そして、そうした考えのあとに、ふと彼の頭に浮かんで来たのが伯魚《はくぎょ》である。

（伯魚《はくぎょ》は孔夫子《こうふうし》のたった一人の息子《むすこ》だ。孔夫子はふだん彼を他の門人なみに取り扱っているように見えるが、それはおそらく表面《うわべ》だけのことだろう。かげではきっと、他の門人たちに教えないことを、彼にだけ教えているに相違《そうい》ない。孔夫子《こうふうし》だって、自分の息子が他の門人以上になるのを好まないわけはないのだから）

この考えは、しかし、彼の気持を必ずしも不愉快《ふゆかい》にはしなかった。というのは、それと同時に、彼は、伯魚《はくぎょ》に接近することによって、他の門人たちには得られない、いい教えが得られるだろうと考えたからである。

彼は偉大《いだい》な発見でもしたかのように、にやりとした。そして、それ以来、伯魚《はくぎょ》の姿を見かけさえすれば、すぐそのそばに寄って行って、話しかけることに努《つと》めた。もっとも、二人の話を他の門人たちに聞かれるのを、彼はあまり好まなかったので、なるべく人目に立たないように工夫《くふう》することを怠《おこた》らなかった。

ところで、彼のこうしたせっかくの苦心も、結局、たいした効果を見せそうになかった。それは、伯魚《はくぎょ》が元来《がんらい》無口なためばかりではなく、たまたまなにか話し出すことがあっても、たいして珍しいこともいわず、孔子《こうし》の特別の教えらしいと思われるような言葉は、ほとんど聞かれなかったからである。

（やはり、子貢《しこう》の方が、孔子よりも偉いのではないかな）

彼は時としてそんなことを考えた。そしてそれは同時に、自分と伯魚《はくぎょ》とを比較してみることでもあったのである。

（しかし伯魚《はくぎょ》もまんざらばかでもないようだから、あるいは孔子《こうし》の特別の教えだけは、人にかくしていわないことにしているのかもしれない）

そう考えると、やはりいい気持はしなかった。で、ある日彼は、孔子の家の庭を伯魚《はくぎょ》と並《なら》んで歩きながら、とうとう思いきってたずねてみた。

「あなたは先生の御子息《ごしそく》のことではありますし、たえずお側《そば》にいられて、ふつうの門人《もんじん》にはとても伺《うかが》えない、結構《けっこう》なお話をお聞きのことと存じますが、もしおさしつかえがなければ、私のような親参者《しんざんもの》のために、その一部分でもお洩《も》らしくださるまいか」

「いや、実は私も、まだこれといって別に――」

と、伯魚《はくぎょ》はしばらく考えていたが、

「さよう、強《し》いていえば、かつてこんなことがありました。ちょうど父が閑《ひま》になって一人でいました時、私が小走《こばし》りに庭を通りますと、『お前は詩経《しきょう》を学んだか』と申します。『まだです』と答えますと、『詩経を学ばなければ人と話すことができない』と叱《しか》られました。私が詩経を学びはじめましたのはそれ以来のことです」

「なるほど」

「それから幾日《いくにち》かたってからのことでした。ちょうど前と同じように、父が一人でいる前を通りますと、今度は、『お前は礼《れい》を学んだか』と申します。仕方がないから、『まだです』と答えますと、『礼を学ばないと、世の中に立って人と交《まじ》わっていくことができない』と叱《しか》られました。それで私もぽつぽつ礼を学ぶことになったわけなのです」

「なるほど」

「父に特別に教わったことといえば、まずこの二つぐらいなものでしょう。その他に、あなたがたとちっとも変わった取り扱いをうけておりません。それはご存じのとおりで

「……」

「なるほど」

陳亢《ちんこう》は、満足したような、失望したような顔をして、しきりに「なるほど」をくり返しながら、ふと向こうを見た。すると孔子《こうし》が一人で杖《つえ》をひきながら、こちらの方に歩いて来るのが見える。なにか研究の一段落をつけて、頭を休めに出て来たものらしい。二人は孔子に近づくと、立ちどまってていねいにおじぎをした。孔子はにこにこしながらいった。

「さっきから二人で歩き回っているようじゃが、よほど親しいとみえるの」

陳亢《ちんこう》は、自分が伯魚《はくぎょ》と親しいと孔子に思われたのが、非常にうれしかった。しかし彼は黙《だま》って伯魚《はくぎょ》の方を見た。伯魚はいった。

「最近特別にお親しく願っています。いろいろ教えていただきますので、非常に愉快《ゆかい》です」

「うむ。それはいい、若いうちは、友だち同士で磨《みが》きあうのがなによりじゃ。私も今日《きょう》は一つ仲間入りをさしてもらおうかな」

そういって孔子《こうし》は歩き出した。二人もそのあとについた。

(なんという恵まれた日だろう)

陳亢《ちんこう》はそう思って、胸をわくわくさした。

「時に――」

　と、孔子は歩きながらいった。

「[6]二人が親しくするのはいいが、そのために朋友《ほうゆう》の交《まじ》わりがかたよってはいけない。君子《くんし》は公平無私《こうへいむし》で、広く天下を友とするものじゃ。小人《しょうじん》はこれに反して、好悪《こうお》や打算《ださん》が交《まじ》る。だからどうしても片《かた》よる。片よるだけならいいが、それでは真《しん》の交わりはできない。真の交わりは道をもって貫《つらぬ》くべきものじゃ」

　陳亢《ちんこう》のわくわくしていた胸は、一時に凍《こお》りつきそうになった。

「いや、しかし――」

　と、孔子は二人を顧《かえり》みて、「私は、二人の交《まじ》わりを小人《しょうじん》の交わりだ、といっているわけではない。ただちょっと気がついたことをいったまでのことじゃ」

　陳亢《ちんこう》はほっとしたが、胸の底には、ある苦味《にが》いものがこびりついて、容易に消えなかった。

「ときに、私が中途から邪魔《じゃま》をしてすまなかったが、きょうは二人で何を話しあっていたのじゃな」

　陳亢《ちんこう》はまたひやりとした。そして、伯魚《はくぎょ》が孔子《こうし》の問いに答えて、ありのままを話しているのを聞きながら、注意深く孔子のうしろ姿を見守った。
孔子は伯魚《はくぎょ》の話を黙々《もくもく》と聞きながら歩いていたが、話が終わると感慨《かんがい》深そうにいった。
[7]「うむ、お前にそんな教訓を与えたこともあったかな。しかし、なんといっても君子《くんし》の学問は詩と礼《れい》じゃ。詩は人間を感奮興起《かんぷんこうき》させる。人間に人生を見る目を与えてくれる。人とともに生きる情《こころ》を養ってくれる。また怨《うら》み心を美しく表現する技術さえ教えてくれる。詩が真に味わえてこそ、近くは父母に事《つか》え、遠くは君《きみ》に事《つか》えることもできるのじゃ。それに、詩には、鳥獣草木《ちょうじゅうそうもく》をはじめとして、天地自然のあらゆる知識を取り納《おさ》める利益もある。
[8]また礼は、人間のもっとも調和した心の具体化された姿じゃ。その根本は敬《つつ》しみ且《か》つ譲《ゆず》るにある。敬《つつ》しみに敬しみ、譲《ゆず》りに譲るところに、人心の大調和が生み出される。これを形にあらわしたものが礼じゃ。だから、国を治《おさ》めるにしても、礼譲《れいじょう》の心をもってすれば、さしたる困難はない。もしもそれなしに国を治《おさ》めようとすると、国が治まらないどころか、礼そのものが魂《たましい》のない礼になって、自分一身の調和もおぼつかなくなるものじゃ。詩といい、礼といい、いずれも言葉や形式ではない。その点を忘れないようにして、しっかり勉強することじゃな」
陳亢《ちんこう》も伯魚《はくぎょ》も、夢中《むちゅう》になって孔子《こうし》の言葉に聞き入った。二人の足は、ややもすると、孔

子の踵《きびす》をふみそうにさえなることがあった。そして、孔子の言葉が終わったあと、しばらくの間は、二人とも、黙々《もくもく》として足を運んでいた。

「ところで――」と、孔子は、だしぬけに足をとどめて、二人をふり返った。

「私は少ししゃべりすぎたようじゃ。お前たちも、ただ聞くだけではほんとうの学問にはならぬ。なにか珍しい話はないか、ないか、と探すよりも、ただ一事でもよいから、自分でしっかり考えることじゃ。考えるといっても、ただ理屈《りくつ》だけを考えるのではない。要は実行じゃ。[9]どうしたらよいか、どうしたらよいか、と血みどろになって苦しむ者でなくては、私もどう導《みちび》いてやったらいいか、わからぬのでな。

元来《がんらい》、[10]聞きたがる心というものは、その人の軽薄《けいはく》さを示すだけで、別《べつ》にたいした効能《こうのう》はないものじゃ。子路《しろ》などは、その点では非常に感心なところがあって、一つの善言《ぜんげん》を聞いて、まだそれを実行することができないうちは、他の善言を聞くことを恐れるといったぐあいじゃ。真に道を求める者は、それくらいのまじめさがあっていい、と私は思っている」

陳亢《ちんこう》は、いい気持でいるところを、だしぬけに背負《せお》い投《な》げをくわされたように感じた。そして孔子が、ふたたび踵《きびす》を転《てん》じて歩き出すのを見守りながら、ぽかんとしてつっ立っていた。

（孔子《こうし》という人は恐ろしい人だ）

彼は、その日自分の宿《やど》に帰りながら、何度もそう思った。しかし、彼の心には、もう孔子を疑ったり伯魚《はくぎょ》を囮《おとり》に使ったりする気は微塵《みじん》も残っていなかった。彼は考えた。

（自分は伯魚《はくぎょ》に、変《へん》な気持であんな質問を発したが、その一つの質問によって、二つのことを知ることができた。その第一は詩、その第二は礼、そしてその第三は、孔子が自分の子と一般の門人《もんじん》とを、少しも区別していられないことだ）

翌日彼は、このことをあからさまに子貢《しこう》にぶちまけた。そして、

「おかげで孔夫子《こうふうし》のお人《ひと》がらも、少しはわかってきたようです」とつけ加えた。すると子《し》貢《こう》はいった。

「[11]それはなによりだ。しかし真に孔夫子《こうふうし》を知ることは容易でない。例《たと》えば詩書礼楽などについての孔夫子のお話は、聞くこともできれば、理解することもできよう。しかし、孔夫子のもっと本質的な方面、すなわち性とか天道《てんどう》とかいったような、人生観、世界観に関することは、ご自身でもめったに口にされないし、また口にされても、われわれにはそうたやすくのみこめることではない。なにしろ孔夫子の深さは無限といっていいくらいだからね」

1 子《し》いわく、我《われ》生まれながらにしてこれを知る者にあらず。古《いにしえ》を好《この》み、敏《つと》めてこれを求めたる者なりと。（述而《じゅつじ》篇）

2 子《し》いわく、徳《とく》の脩《おさ》まらざる、学《がく》の講《こう》ぜざる、義《ぎ》を聞きて徙《うつ》る能《あた》わざる、不善改むる能《あた》わざる、これ吾《われ》が憂《うれい》なりと。（述而《じゅつじ》篇）

3 子いわく、黙《もく》してこれを識《し》り、学《まな》びて厭《いと》わず、人に誨《おし》えて倦《う》まず、何か我《われ》にあらんやと。（述《じゅつ》而《じ》篇）

4 陳子禽《ちんしきん》、子貢《しこう》にいいていわく、子恭《しきょう》を為《な》すなり、仲尼《ちゅうじ》豈《あ》に子《し》より賢《まさ》らんやと。子貢《しこう》いわく、君《くん》子《し》は一言以《いちげんもっ》て知《ち》と為《な》し、一言以《いちげんもっ》て不知《ふち》と為《な》す。言慎《げんつつし》まざるべからざるなり。夫子《ふうし》の及《およ》ぶべからざるや、なお天《てん》の階《かい》して升《のぼ》るべからざるがごとし。夫子《ふうし》にして邦家《ほうか》を得ば、いわゆるこれを立つればここに立ち、これを道《みちび》けばここに行《したが》い、これを綏《やす》んずればここに来り、これを動かせばここに和《やわら》ぐ。その生《せい》や栄《さか》え、その死や哀《かな》しむ。これをいかんぞそれ及ぶべけんやと。（子張《しちょう》篇）

5 子禽《しきん》、子貢《しこう》に問いていわく、夫子《ふうし》のこの邦《くに》に至《いた》るや、必ずその政《まつりごと》を聞く。これを求めたるか、そもそもこれを与えたるかと。子貢《しこう》いわく、夫子《ふうし》は温良恭倹譲《おんりょうきょうけんじょう》以《もっ》てこれを得たり。夫子《ふうし》のこれを求むるや、それこれ人のこれを求むるに異《こと》なるかと。（学而《がくじ》篇）

6 子《し》いわく、君子《くんし》は周《しゅう》して比《ひ》せず、小人《しょうじん》は比《ひ》して周《しゅう》せずと。（為政《いせい》篇）

7 子いわく、小子《しょうし》何ぞかの詩を学ぶなきか。詩は以《もっ》て興《おこ》すべく、以《もっ》て観《み》るべく、以《もっ》て群《ぐん》すべく、以《もっ》て怨《うら》むべし。これを邇《ちか》くしては父に事《つか》え、これを遠くしては君《きみ》に事《つか》う。多く鳥獣草木《ちょうじゅうそうもく》の名を識《し》ると。（陽貨《ようか》篇）

8 子いわく、能《よ》く礼譲《れいじょう》を以《もっ》て国を為《おさ》めんか。何かあらん。礼譲《れいじょう》を以《もっ》て国を為《おさ》むる能《あた》わずんば、礼《れい》をいかんせんと。（里仁《りじん》篇）

9 子いわく、これをいかんせん、これをいかんせんといわざる者は、吾《われ》これをいかんともすることなきのみと。（衛霊公《えいれいこう》篇）

10 子路《しろ》聞くことありて、未《いま》だこれを行うこと能《あた》わずんば、ただ聞くことあらんことを恐《おそ》る。（公《こう》冶長《やちょう》篇）

11 子貢いわく、夫子《ふうし》の文章は得て聞くべきなり。夫子《ふうし》の性《せい》と天道《てんどう》とをいうは、得て聞くべからざるなりと。（公冶長《こうやちょう》篇）

天の木鐸《ぼくたく》

儀《ぎ》の封人見《ほうじんまみ》えんことを請《こ》う。いわく、君子《くんし》のここに至《いた》るや、吾未《われいま》だかつて見《まみ》ゆることを得ずんばあらざるなりと。従者《じゅうしゃ》これを見《まみ》えしむ。出《い》でていわく、二三子《にさんし》何ぞ喪《うしな》うことを患《うれ》えんや。天下の道なきや久《ひさ》し。天《てん》まさに夫子《ふうし》を以《もっ》て木鐸《ぼくたく》と為《な》さんとすと。

——八佾《はちいつ》篇

「実はその、これが私のただ一つの道楽《どうらく》でございましてな、……いや、道楽などと申しては、まことに失礼でございますが、正直のところ、そのような楽しみがあればこそ、こうして関所勤《せきしょづと》めなどさせていただいておりますような次第《しだい》で、はい」

儀《ぎ》の関守《せきもり》は、もう七十年近い老人である。彼は是《ぜ》が非《ひ》でも、じかに孔子《こうし》に面会させてもらうつもりで、その宿所《しゅくしょ》に門人の冉有《ぜんゆう》をたずねて、曲《ま》がった腰《こし》をたたきながら、しきりにまくしたてていた。それは、孔子が魯《ろ》の大司寇《だいしこう》をやめて、定公《ていこう》十三年、五十五歳の時、はじめて諸国遍歴《しょこくへんれき》の旅に出たばかりのところであった。——儀《ぎ》は魯《ろ》の国境に接した衛《えい》の一都《と》邑《ゆう》である。

「それで、もうどのくらいお勤《つと》めです」

冉有《ぜんゆう》は、関守《せきもり》を孔子《こうし》に会わせたくなかった。孔子の相手は諸侯《しょこう》か、さもなくば大夫《たいふ》である。いちいち小役人などに面談さしていては、きりがない。それに、なんといっても、孔子は今は落魄《らくはく》の身である。衛《えい》の国にはいったしょっぱなから、よぼよぼの関所役人などを相手にしたとあっては、いよいよ孔子の威厳《いげん》にかかわる。われわれ門人《もんじん》としても、あまりいい気持のものではない。この際は、世間《せけん》に軽く見られるのが、なによりもいけないことだ。なるたけどっしりと構《かま》えるに限る。そう考えて、彼は話を他の方にそらそうと努《つと》めた。

「もう、かれこれ、四十年ほどにもなりましょうかな」

と、関守《せきもり》は、ぐっと腰《こし》をのばして、いかにも得意そうに答えた。

「四十年!」

冉有《ぜんゆう》もさすがに驚かされた。

「いや、楽しみなものでございますよ。こうして関守《せきもり》をしていますおかげで、いろいろのお方《かた》にお目にかかれますのでな」

「なるほど……」

冉有《ぜんゆう》は気のない返事をした。

「それでも、最初のうちは慣れないせいで、惜《お》しいと思うお方《かた》を、ずいぶん取り逃がしたものでございますよ。しかし、もうこのごろでは、すっかりこつがわかりましてな、これはとにらんだお方《かた》なら、一人残らずお目にかかれているのでございます。これがまあ、長年勤《つと》めた関守《せきもり》の役得《やくとく》というものでございましょうかな」

冉有《ぜんゆう》は少し腹が立って来て、天井《てんじょう》をにらんだまま、返事をしなかった。

「それはもう、先生のお疲れのことは、よう存じております。で、ほんのちょいと、二言《ふたこと》三言《みこと》お言葉をおかけくださる間だけでよろしゅうございます。どうも、お通りがかりにちらとお顔を拝《はい》しただけでは、この老爺《ろうや》気が落ちつきませんでな。それに、孔《こう》先生といえば、これまで私がお目にかかりましたお偉い方《かた》が、総《そう》がかりでお向かいになっても及《およ》ばないほど、お偉い方のようにお察《さっ》し致《いた》しております。場合によっては、これを思い出に、私は、関守《せきもり》を打ち留《ど》めにしようか、とさえ思っているくらいでございます」

冉有《ぜんゆう》は少し気をよくした。しかしまだ取《と》り次《つ》ぐ気にはなれなかった。

「いや、今すぐと申すわけではございません。明日《あす》のお立ちまでにちょいとお目にかかることができれば結構《けっこう》でございます。なあに、私は、お待ちする分《ぶん》には、夜徹《よどお》しでも構《かま》わないのでございます。よくこれまでにも、そういうことがありましたでな、はい」

冉有《ぜんゆう》は思わず吹き出してしまった。関守《せきもり》はすかさず、

「お願いができるでございましょうか」

と、いかにも心配そうな顔を、冉有《ぜんゆう》の前につき出した。

「お伝えするだけは致《いた》してみましょう」

冉有《ぜんゆう》はとうとう立ち上がった。

「まことにありがとう存じます。なあに、お伝えさえいただけば、間違《まちが》いなくお会い下さることと存じます。なるほどこれまでに、四の五のとおっしゃるお方《かた》もなかったではございませんが、それはたいてい、お供《とも》のお方《かた》のお指《さ》し金《がね》か、さもなくば、ご本人があまりお偉くないお方の場合でありましてな。多少でも人間の世の中のことがおわかりの方なら、下賤《げせん》の者や老人の心を、よくくんでくださるものでございます」

冉有《ぜんゆう》はあきれて、運びかけた足をとどめると、関守《せきもり》の顔を穴《あな》のあくほど見た。関守は、しかし、その瞬間ひょいと窓の方に目をそらして、大きく腰《こし》を伸《の》ばした。そして、いかにもひょうきんに、

「やれやれ、これでお願いがかないましたわい」

冉有《ぜんゆう》は、立ち止まったまま二、三度首を振《ふ》った。そして、しばらくなにか思案《しあん》するようだっ

たが、そのまま、思いきったように奥にはいって行った。

ものの五、六分もたつと、彼は仏頂面《ぶっちょうづら》をして戻って来た。そしてごく無愛想《ぶあいそう》に、

「おあいくださるそうです」

そういって彼は、次の部屋にいた若い門人《もんじん》を呼んで、奥に案内するようにいいつけた。

関守《せきもり》は、これまでの熱心さにも似ず、冉有《ぜんゆう》の顔を見もしないで、

「そうですか、それはそれは」

といいながらのそのそと部屋を出て行った。

冉有《ぜんゆう》は苦笑《くしょう》しながらそのあとを見送ると、椅子《いす》に腰を下《お》ろして腕組《うでく》みをした。

（やはり取《と》り次《つ》いだのがいけなかったのだ。取り次げば会おうとおっしゃるのが、先生のいつもの流儀だのに、ついあの老爺《ろうや》にしてやられてしまった。それにしても、先生も少し軽率《けいそつ》じゃないかな。あれほどお会いになってはいけないというのに、いやそれはおもしろそうな人物だ、とおっしゃる。おもしろいもおもしろくないも、たかが関所役人ではないか。それに四十年もそんな仕事にこびりついているというのだから、たいてい知れている。これから諸侯《しょこう》を相手に活動なさろうというやさきに、あんな老爺《ろうや》に会ってどうなさるおつもりなんだろう。今ごろはあの老爺《ろうや》、きっと、さっきのように煮《に》ても焼いても食《く》えないよ

うなことを、べらべらしゃべっているだろうと思うが、あんな気狂いじみた老人を相手にされたんでは、先生も結局自《みずか》らを辱《はずか》しめることになるばかりだ。それにつけても、魯《ろ》の大司寇《だいしこう》でおられたころのことが思い出される。ああしたりっぱな官職についてさえおられれば、こんな辱《はずか》しめを受けられることもなかったろう。愚痴《ぐち》なようだが、やはり野《や》には下《くだ》りたくないものだ。道を楽しむのなんのといっても、官職を離れたが最後、世間の評価はすぐ変わってくる。それが世の中というものだ。だから先生にもよほど自重《じちょう》してもらわないと、さきざきどんなみじめなことになるか知れたものではない。とにかく、今日《きょう》自分があの老爺《ろうや》を取り次いだのは失敗だった」

　彼がそんなことを考えているうちに、用たしに出ていた門人たちが四、五人、どやどやと帰って来た。彼は待ちかねていたように、すぐ事実を彼らに話した。そして、

「ありのままを話したら、先生もまさか会おうとはおっしゃるまい、と思ったのが、ぼくの見込みちがいだった」

　と、いかにも残念そうにつけ加えた。

「[1]そりゃ先生は、自分が人に知られることよりは、人を知ることに、いつも心を用いられているからね」

と、一人がしたり顔にいった。

「なあに、先生のことだ、まさかそんな奴《やつ》に恥《はじ》をかかされるようなこともあるまい」

と、他の一人が事《こと》もなげにいった。

「それはそうさ。しかし、そんな人間にお会いになったということ自体が、先生の値打ちを下げることになりはしないかね」

と、またある者がいった。

「ぼくが心配するのもその点だ」

と、冉有《ぜんゆう》はまた腕組《うでく》みをして、ため息をついた。

みんなもそれには同感だった。彼らは、自分たちの値打《ねう》ちまでが下がっていくような気がしてならなかったのである。

「その老爺《ろうや》の君に対する態度はどうだった。教えを乞《こ》おうというようなふうは、ちっとも見えなかったかね」

と、一人が冉有《ぜんゆう》にたずねた。

「そんなふうは鵜《う》の毛ほどもなかった。いや、かえってぼくを愚弄《ぐろう》しているとしか思えなかったね」

「先生が大司寇《だいしこう》でいられたころは、下《した》っぱの役人の目には、われわれもひとかどの先生に映《うつ》っていたものだがね」

「実際だ」

みんなは憮然《ぶぜん》とした。

しばらく沈黙がつづいた。その沈黙の中から、しだいに足音が近づいて、しずかに部屋の戸があいた。関守《せきもり》である。

みんなは不快な目をいっせいに彼の顔に注《そそ》いだ。彼は、しかし、にこにこしながら彼らに近づいて、

「ほう、みなさん孔《こう》先生のお弟子《でし》でいらっしゃいますかな」

と、小腰《こごし》をかがめながらいった。そして冉有《ぜんゆう》の方を見て、

「さきほどは誠《まこと》にありがとうございました。いや、今日《きょう》という今日《きょう》は、この老爺《ろうや》も嬉《うれ》しゅうてなりません。これで長生きをしたかいがあったというものでございます。そりゃ、これまでにもずいぶんりっぱなお方《かた》にお目にかかりましたが、孔《こう》先生にくらべると、まるで月とすっぽんでございますよ。ちょいとお目にかかりましただけで、この胸がすうっとするではありませんか。だんだんお話を承《うけたまわ》っておりますうちに、私もすっかり頭が下《さ》がり

ましてな。もう私の方から、なにもいうことはありませなんだ。

いや、この老爺《ろうや》、これでなかなか負《ま》けん気《き》が強うございましてな、たいていのお方《かた》には一理屈《りくつ》こねてみないと承知がならないのでございます。ところが今日《きょう》という今日は、まるで子どもになったような気がいたしました。これでうんと若返りができましたわい。こう若返ったところで、すうっと死ねたら、どんなにしあわせでございましょうな。なにしろ、この節《せつ》のような、めちゃくちゃな世の中を見せつけられて、しかめっつらをしながら死んでいくんでは、やりきれませんからな」

冉有《ぜんゆう》も、他の門人たちも、あっけにとられて、老人の顔を見守った。老人は平気でしゃべりつづけた。

「ときに、あなたがたはいい先生についたものでございますな、若いころから、あんな先生について学問ができますりゃ、生きているのがいやだなんていう気には、金輪際《こんりんざい》なりませんよ。それはなるほど、こうしてあてもなくついて歩かっしゃるうちには、心細い気がなさることもおありじゃろ。なにしろ、まだみなさんお若いでな。

だが先生の値打《ねう》ち、……いや、値打ちなどと申してはもったいのうございますかな、……ええと、その、先生のほんとうの魂《たましい》、つまり先生の心の奥の奥にある、あの憂《うれ》いも、惑《まど》いも、懼《おそ》れもない尊《とうと》い魂にしんみりふれて、存分にその味を噛《か》み出すには、ともどもに難儀《なんぎ》をするに限りますよ。あなたがたのうちに、万が一にも、先生が魯《ろ》の大司寇《だいしこう》をおやめになったことで、気を落としていなさる方がありましたら、それこそ罰《ばち》が当たりましょう」

老人の顔は、しだいに紅潮《こうちょう》してきた。門人たちもそれにつりこまれて、いつとはなしに居《い》ずまいを正《ただ》した。

「それに第一――」

と、老人はせまるように、一歩門人《もんじん》たちの方に近づいて

「先生を魯《ろ》の国だけに閉《と》じこめて、役人などさしておくのは、もったいないと思いませぬかな」

門人たちはおたがいに顔を見合わせた。だれも返事をする者がなかった。すると老人の声が、急にどなりつけるように、彼らの耳に落ちて来た。

「先生は、あなたがたの立身出世《りっしんしゅっせ》のために、生まれておいでになったお方ではありませぬぞ！」

部屋じゅうが石のように固くなった。老人は少し前こごみになって、顔をつき出していたが、その目が異様に光って、じっと冉有《ぜんゆう》の顔を見つめていた。

冉有《ぜんゆう》は、その固い空気の中を、もがくようにして、なにかいおうとした。すると老人は急ににっこり笑って手を振った。

「いや、これはつい大声をたててすみませなんだ。それはもう、あなたがたが、先生のお身の上を心から気にかけていなさることは、この老爺《ろうや》の目にもよくわかりますわい。だが、天下にこう道がすたれては、先生にでも難儀《なんぎ》をしていただくより手がござりますまい。いわば、それが先生に下《くだ》された天命《てんめい》じゃでな。

それはそうと、この衛《えい》の国では、なにかというとお上《かみ》からお布告《ふれ》が出て、そのたんびに、木鐸《ぼくたく》という変《へん》な鈴をがらがら鳴らして歩きますが、まさか魯《ろ》の国ではそんなばかばかしいまねはなさるまいな。あんなものはただやかましいだけで、なんの役にも立つことじゃありません。なにぶんお上《かみ》がお上《かみ》でございますからな。私はこれまであの音をきくたびに、いつも思いましたよ。もし天のお声を伝えてくれる木鐸《ぼくたく》というものがあったら、となと」

彼はそこで探るように門人たちの顔を見回していたが、ふたたび厳粛《げんしゅく》な顔になっていった。

「おわかりですかい。あなたがたの先生こそ、これからその天の木鐸《ぼくたく》におなりだということを」

また沈黙がつづいた。老人は門人たちにひょこひょこ頭を下《さ》げて、

「いや、これは長いことおしゃべりをいたしました。では、おたっしゃで旅をおつづけなさりませ」

そういうと彼はのそのそと部屋を出て行った。

門人たちは身じろぎもしないで、彼の後《うし》ろ姿を見送っていたが、彼が戸の外に消えると、冉有《ぜんゆう》は急に目がさめたように立ち上がって、あたふたと孔子の部屋に出かけて行った。

1　子《し》いわく、人の己《おのれ》を知らざるを患《うれ》えず、人を知らざるを患《うれ》うと。（学而篇《がくじへん》）

磬《けい》を撃《う》つ孔子《こうし》

子磬《しけい》を衛《えい》に撃《う》つ、簣《き》を荷《にな》いて孔子《こうし》の門《もん》を過《す》ぐる者あり。いわく、心あるかな磬《けい》を撃《う》つやと。既《すで》にしていわく、鄙《ひ》なるかな硜硜乎《こうこうこ》たり。己《おのれ》を知るなくんば、これ已《や》まんのみ。深くばすなわち厲《れい》し、浅くばすなわち掲《けい》すと。子《し》いわく、果《か》なるかな、これ難《かた》きことなしと。

——憲問《けんもん》篇

孔子《こうし》が、魯《ろ》の定公《ていこう》と、その権臣季氏《けんしんきし》に敬遠されて、故郷をあとに、長い漂浪《ひょうろう》の旅に出たのは、五十六歳であった。彼はまず衛《えい》に行って、門人子路《しろ》の夫人の兄、顔讎由《がんしゅうゆ》の家に足を止めることにした。

衛《えい》の霊公《れいこう》は放逸《ほういつ》な君《きみ》ではあったが、政策的に孔子を自分の国にとどめておきたかった。しかし、彼をいかに待遇《たいぐう》すべきかについては、まだ決心がつきかねていた。孔子は、待遇よりも自分の政治的信念を実現する機会が得たかったので、一縷《いちる》の希望をつないで、しずかにその時の到るのを待つことにした。

こうした場合、彼の心にぴったりするものは、なんといっても音楽であった。彼はしばしば詩を吟《ぎん》じ、瑟《しつ》を弾《だん》じ、磬《けい》を撃《う》った。

今日《きょう》も彼は、一人で朝から磬《けい》を撃《う》っていたが、その音は、門外にひびいて、水晶《すいしょう》の玉がふれ合うように、澄《す》んだ空気の中を流れていた。

「おや?」

もっこを担《かつ》いだ百姓《ひゃくしょう》姿の一人の男が、門前で歩みをとどめた。

「いい音だ。だが、まだだいぶ色気《いろけ》があるな」

そういって、彼は歩き出した。歩きながら、彼はわざとのように、ぺっと唾《つば》を吐《は》いた。

孔子《こうし》のお供《とも》をして来ていた門人の冉有《ぜんゆう》がちょうどその時、門をくぐって外に出るところであった。彼は、この異様な百姓《ひゃくしょう》の言葉を聞きとがめた。

(変《へん》な奴《やつ》だな)

彼はそう思って、じっと男の後《うし》ろ姿を見送っていた。

すると百姓《ひゃくしょう》は、それにとうから気づいていたらしく、くるりと向きをかえて、二、三歩冉有《ぜんゆう》の方に近づいて来た。彼は、顔いっぱい皺《しわ》だらけにして笑っていた。間《ま》もなく笑いは消えた。しかし、笑いが消えたかと思うと、長い舌がぺろりと鼻の下に突き出ていた。

(気狂いだな)

と、冉有《ぜんゆう》は思った。そしてその男の立っているのとは反対の方向に、歩き出そうとした。

すると、その男は、だしぬけに大声をたてて笑い出した。

冉有《ぜんゆう》は、もう一度彼をふりかえった。

「ほう、お前さんもやっぱり色気組《いろけぐみ》の方かな」

そういって、その男は、おいでおいでをした。冉有《ぜんゆう》は、気狂いだとは思いながら、あんまりばかにされたような気がして、腹がたった。彼は、立ったまま、ぐっと彼をにらみつけた。

「ふっ、ふっ、ふっ、そんなおっかない顔をするもんじゃない。それよりか、あの磬《けい》の音を聞かっしゃい」

「磬《けい》の音がどうした?」

「じょうずではないかな、ちょっと」

「お前にも、それがわかるのか」

「わかるとも。ようわかる。それ、ちょいと色気《いろけ》のあるところが可愛《かわい》いではないか」

「何をいうんだ!」

「ほう、また怒《おこ》った。そんなに怒ると、人間が下品《げひん》に見えるがな、あの磬《けい》のように」

「なに！　あの磬《けい》の音が下品だと？」

「そうとも。ちょいと可愛《かわい》いところもあるが、下品じゃよ。ほら、よっぽど執着《しゅうちゃく》がましい音がするじゃないか。だいぶ腹もたてているらしいな、もっともお前さんの腹の立てかたとは、少々値打《ねう》ちがちがうが……」

冉有《ぜんゆう》はいささか気味《きみ》わるくなって歩《ほ》をうつそうとした。

「わっはっはっ、今度は逃げ腰《ごし》か。腹をたてたり、逃げ腰になったりは、みっともない。もっとさらりとはいかないものかな」

「それは、私のことか」

冉有《ぜんゆう》は勇《ゆう》を鼓《こ》していった。

「そうじゃよ。それに、あの磬《けい》を撃《う》っている人も同じさ」

「磬《けい》を撃《う》っている人は、今の時世《じせい》に聖人ともいわれているほどの人だ」

「よっぽど融通《ゆうずう》のきかない聖人様じゃな」

「………」

冉有《ぜんゆう》は、相手があんまりむちゃをいうので、すっかり度胆《どぎも》をぬかれて、返事もできなかった。

「そうではないかな、自分を知ってくれる者がなけりゃ、あっさりすっこんでいりゃいいのに、方々《ほうぼう》うろつき回ってさ。ふっふっふっ、時世を知らないのにも程《ほど》があるよ」

「あの先生は……」

「ほう、あれはお前さんの先生か。なるほど、そう聞けば、よう似たところがあるわ。お前さんも、世には捨てられ、世は恋し、という方じゃな」

「………」

「世の中がそれほど恋しけりゃ、わがままをいわないで、あっさりだれかに使ってもらったら、どうじゃな。それとも、わがままをいいたけりゃ、きれいさっぱりと世の中をあきらめるか」

冉有《ぜんゆう》は、すっかりいいまくられて、目をぱちくりさしていた。すると、その男は、だしぬけに大声をあげて歌いながら、頓狂《とんきょう》な格好《かっこう》をして、向こうの方に行ってしまった。

「わしに添《そ》いたきゃ、渡っておじゃれ、
水が深けりゃ、腰《こし》まで濡《ぬ》れて、
浅けりゃ、ちょいと、小褄《こづま》をとって、

惚《ほ》れなきゃ、そなたの気のままよ」

冉有《ぜんゆう》は狐《きつね》につままれたような気がして、長いこと彼を見送っていたが、ふとわれにかえって、これが世にいう隠士《いんし》だな、と思った。彼は、そのころ、百姓《ひゃくしょう》や樵夫《きこり》の姿をした隠士《いんし》たちが方々《ほうぼう》にいることは聞いていたが、実際に出遇《でっくわ》したのは始めてであった。で、非常に珍らしい事件にでもぶっつかったかのように大急ぎで門内に引きかえし、息をはずませながらすべてを孔子《こうし》に報告した。

孔子は聞き終わって、ため息をもらしながら答えた。

「思いきりのよい男じゃな。しかし、一身を潔《きよ》くするというだけのことなら、たいしてむずかしいことではない。むずかしいのは天下とともに潔《きよ》くなることじゃ」

冉有《ぜんゆう》はその言葉を聞くと、やっと落ちついて、ふたたび用たしに、門外《そと》に出た。

竈《そう》に媚《こ》びよ

王孫賈《おうそんか》問いていわく、その奥《おう》に媚《こ》びんよりは、むしろ竈《そう》に媚《こ》びよとは、何の謂《いい》ぞやと。子《し》いわく、しからず。罪《つみ》を天《てん》に獲《う》れば、禱《いの》る所なきなりと。

——八佾篇《はちいつ》

孔子《こうし》は、一日も早く衛《えい》の国を去りたいと思った。それは、霊公《れいこう》が彼に対して、粟《ぞく》六万を贈るほどの好意を示したのも、単に君主《くんしゅ》としての体面を飾るためであって、政治の上に少しでも彼の意見を反映《はんえい》させようとする、まじめな考えからではない、と見て取ったからである。加うるに、公の夫人南子《なんし》は乱倫《らんりん》の女であった。彼女の日々の生活を見聞《けんぶん》することは、道に生きんとする孔子の、とうてい忍《しの》びざるところであった。

ただ、衛《えい》にはすでに多くの門人《もんじん》ができていた。魯《ろ》は彼の郷国《きょうこく》だけに、門人の数も非常に多かったが、魯《ろ》についで多いのは衛《えい》であった。彼は、これらの門人たちのことを思うと、むぞうさにはこの国を去りかねたのである。

彼は、以前にも、ほんのわずかの間ではあったが、一度衛《えい》に遊んだことがあった。それは、彼が魯《ろ》の大司寇《だいしこう》を辞《や》めた直後であった。その後、鄭《てい》に行き、陳《ちん》に行き、ふたたび衛《えい》に戻《もど》って来たのであるが、彼はそうした遊歴《ゆうれき》の間に、いやというほど諸侯《しょこう》の心情のあさましさを見せつけられた。で、彼の心境《しんきょう》は、いたずらに明君《めいくん》を求めて放浪《ほうろう》するよりは、静かに子弟《してい》の教育に専念したい、というふうに傾きかけていたのである。現に彼は、陳《ちん》にいた時、

「[1]一日も早く郷里《きょうり》の魯《ろ》に帰って、理想に燃えている純真な青年たちの顔が見たい。彼らはまだ中道《ちゅうどう》を歩むことを知らないが、よく導《みちび》いてさえいけば、どんなにでも伸《の》びる。あさましい諸侯《しょこう》などを相手にしているより、どれだけいいかしれない」

といったような感想を、しみじみともらしたくらいである。

衛《えい》の門人たちも、彼の心をひきつける点において、魯《ろ》の門人たちと少しも変わるところがなかった。霊公《れいこう》の無道と一夫人南子《なんし》の乱倫《らんりん》とに濁《にご》らされた空気は、彼にとって、いかにも息苦しかったが、若い門人たちと詩書礼楽《ししょれいがく》を談じ、政治の理想を論じていると、彼は少しも異境《いきょう》にあるような気がしなかった。彼はこうした境地《きょうち》にいて、いたるところに彼の故郷を見いだすことができたのである。

こうした彼は、衛《えい》を去る決心をしてからも、長い間門人《もんじん》たちを相手に日を送っていた。

ちょうどわれわれが、旅に出る前に、子どもたちを抱き上げて頬《ほお》ずりするように、彼は彼の門人たちの心を、その大きな胸の中に抱きとって、仁《じん》の光に浸《ひた》らせようと努《つと》めていたのである。

門人の一人に王孫賈《おうそんか》がいた。門人とはいっても、衛《えい》の大夫《たいふ》で軍政を司《つかさど》る身分であった。霊公《れいこう》の無道にもかかわらず、国が亡《ほろ》びないのは、彼の軍政と、仲叔圉《ちゅうしゅくぎょ》の外交と、祝駝《しゅくだ》の祭祀《さいし》があるためだ、と孔子《こうし》もほめていたほどの人物である。

王孫賈《おうそんか》が、孔子をいつまでも衛《えい》にとどめておきたがっていたのは、いうまでもない。彼は考えた。

（孔子は内心衛《えい》にとどまりたがっている。ただ霊公《れいこう》がひどく彼を煙《けむ》たがっているので、孔子としては、近づこうにも近づけないのだ。ここは一つ、自分が仲にはいって、なんとかうまくまとめねばなるまい。しかし霊公《れいこう》を説《と》き落とすのはなかなかである。やはり、孔子の方から進んで接近するようにしむけるよりしかたがない。説《と》くに道をもって動きやすいようにしてやれば、孔子もそう意地《いじ》は張らないだろう。しかし、今すぐ霊公《れいこう》にぶっつかれといっても、それは無理である。かりにぶっつかったにしたところで、結果はかえって藪《やぶ》蛇《へび》だ。この際は、ひとまず大夫《たいふ》としての自分を扶《たす》けてもらい、その実績をいやでも霊公に見せてやるようにした方がよい。目前に実績があがりさえすれば、霊公も今までのように敬遠ばかりしておれまいし、孔子の方だって、実際問題に即《そく》して霊公を説くことができるであろう）

そう考えて、ある日、他の門人たちのいない時刻を見計《みはか》らって、孔子の宿《やど》に車を走らせた。

道々、彼は、この計画がうまくいった場合の立場を、心に描《えが》いてみた。

（自分は、孔子《こうし》というすばらしい背景《はいけい》をもって、これから仕事をやっていく。民衆の信望がしだいに自分に集まってくる。さすがの霊公《れいこう》も、それに押されて行いを慎《つつし》むようになる。民衆はますます自分の徳《とく》をたたえる。そのうちに、いよいよ孔子を正式に採用してもらって、直接枢機《すうき》に参画《さんかく》させる。そうなると政治はますますよくなる。しかし孔子はけっして功《こう》を争うような人でなく、しかも自分に対しては心から感謝するであろうから、いっさいの功《こう》を自分に譲《ゆず》ってくれるに相違《そうい》ない。だが、自分はその名誉《めいよ》をけっして独占してはならない。仲《ちゅう》・祝《しゅく》の二大夫《たいふ》に対しては、あくまで謙譲《けんじょう》の徳を守って、恨《うら》みを買わないように努《つと》めねばならぬ。その結果、自分の声誉《せいよ》が彼ら以下に下ることは、けっしてない。否《いな》、かえって……）

と、彼は万人《ばんにん》に敬愛されている自分の姿を想像して、目を細くした。そして次の瞬間に、ふと彼の頭に浮かんだのは、帝堯《ぎょう》が舜《しゅん》を挙《あ》げてその位《くらい》を譲《ゆず》ったという、すばらしい古代の歴史であった。

もしもその時、彼の車が、凸凹《でこぼこ》道にさしかかって、彼の尻《しり》をいやというほど突き上げなかったなら、彼の空想は、彼自身と舜《しゅん》とをどんなふうに結びつけたか、知れたものではなかった。

幸か、不幸か、彼は尻《しり》を突き上げられて、にわかに自分にかえった。そして思わず、

「あっ、これはいけない!」

と叫んだ。御者《ぎょしゃ》はそれを聞くと、少し馬の手綱《たづな》をしめながら、

「このごろは、人民どもが、道の修繕《しゅうぜん》を怠《なま》けておりまして」

といった。しかし王孫賈《おうそんか》の心は、まったく別《べつ》のことに支配されていた。彼は古代帝王《こだいていおう》の禅譲《ぜんじょう》にまで発展した自分の連想を、急いでもみ消そうとして、しきりに胸のあたりをなでていたのである。

(こんな空想を抱《いだ》いたままで、孔子《こうし》の前に出たら、それこそなにもかもおしまいだ。彼はすぐ相手の心を見すかしてしまうのだから。ついこの間も、彼はわれわれに対して、人間

というものは、どんなに自分を隠そうとしても、見る人が見ると、すぐ正体を現すものだ、といって、人物の鑑識法《かんしきほう》を教えてくれたが、聞いていてうす気味《きみ》が悪かった。彼の鑑識法というのは、人の行為《こうい》やその動機を見るとともに、その人の心に落ちつきどころ、つまり、何を真に楽しみ、何に心が安《やす》んじているかを見よ、というのだが、彼は相手のほんのちょっとした目の動きかたからでも、すぐそれを見ぬいてしまうのだから、たまらない。とにかく、孔子の前に出るには、私心《ししん》は絶対禁物《きんもつ》だ）

そう考えて、彼は彼の途方《とほう》もない空想を、やっと払《はら》いのけることができたが、さて、空想からさめてみると、今度はあべこべに、ちょうど深酒《ふかざけ》を飲んだ翌朝のような、変な寂《さび》しい気分になってしまった。そして自分はいったい何をしようとしているんだ、自分の計画そのものが、元来《がんらい》、非常識きわまることではあるまいか、と心配し始めた。

（孔子《こうし》は、直接霊公《れいこう》に仕《つか》えるのでなくて、一大夫《たいふ》の政治顧問《せいじこもん》になるんだと聞かされたら、はたしてどんな顔をするだろう。しかも、その大夫《たいふ》というのは自分だ。孔子にとっては、一門人に過《す》ぎないこの自分だ）

彼は車の中でいらいらし出した。もっとよく考えてからにすればよかった、と後悔《こうかい》した。しかし、いまさら引き返すのも変《へん》である。あらかじめ孔子と時間まで打ち合わせてあるのだから。

道には凸凹《でこぼこ》がなくなった。車がいやに早く走るような気がする。なにかほかの用件《ようけん》にしてしまおうか、とも考えてみたが、それもとっさには名案が浮かばない。

とうとう車は孔子の宿の門前まで来てしまった。宿というのは、子路《しろ》の義兄《ぎけい》に当たる顔讎由《がんしゅうゆ》という人の家である。

浮かぬ顔をして、彼は車を下《お》りた。出迎《でむか》えの人のあいさつを聞くのが、彼にはたまらなく煩《わずら》わしかった。しかし、顔を横にそむけたり、悄然《しょうぜん》と首垂《うなだ》れたりするのは、大夫《たいふ》にふさわしい姿勢《しせい》ではなかったので、彼は門をくぐると、視線を屋根の上に注《そそ》いで、まっすぐ歩いた。

厨房《ちゅうぼう》の屋根と思われるあたりから、黄色い煙《けむり》が昇《のぼ》っているのが、彼の目についた。彼はその煙《けむり》を見ると、なんということなしに、竈《かまど》を連想した。

ところで、彼が竈《かまど》を連想したということは、彼にとって、なんという幸運なことであったろう！

（しめた！）

と、彼は心の中で叫んだ。

天の啓示《けいじ》というのは、実際こんな場合のことをいうのかもしれない。彼は煙を見て竈《かまど》を連想した瞬間、彼を現在の苦境《くきょう》から救い出すのにもっとも都合《つごう》のいい一つのことわざを、なんの努力もなしに思い浮かべることができたのである。そのことわざというのは、

「奥《おう》に媚《こ》びんよりは、むしろ竈《そう》に媚《こ》びよ」

というのであった。

奥《おう》というのは、部屋の西南隅《せいなんぐう》で、中国の家で最高の祭祀《さいし》を行う場所である。しかし特別な祭神《さいじん》というものはない。竈《そう》は、戸の神、士の神、門の神、道路の神と相並《あいなら》んで、五祀《ごし》の一つをなす炊事飯食《すいじはんしょく》の神を祭る場所である。五祀《ごし》は地位は低いが、それぞれに祭神《さいじん》があり、祭りの内容も実質的である。これに反して奥《おう》は地位は高いが、特定の祭神《さいじん》もなく、五祀《ごし》の祭典《さいてん》のあと、その尸《かたしろ》を迎えて形式的な祭りをなすに過《す》ぎない。

王孫賈《おうそんか》がこのことわざを思い浮かべて喜んだのは、奥《おう》はあたかも霊公《れいこう》に相当し、竈《そう》は自分に相当すると思ったからである。

彼は、そしらぬ顔をして、このことわざについて孔子《こうし》の批判を求め、もし孔子が、場合によっては竈《そう》に媚《こ》びることも許されていい、という意見であるならば、率直《そっちょく》に自分の胸《きょう》

中《ちゅう》を披瀝《ひれき》して、具体的な話をしようし、さもなくば、その問題にはまったくふれないで帰ろうという考えなのである。

(窮《きゅう》すれば通ず、とはよくいったものだ)

彼は孔子の部屋にはいる前にそう思った。

孔子はなにか瞑想《めいそう》にふけっていたようだったが、王孫賈《おうそんか》が来たのを知ると、立って彼を迎えた。

「お寂《さび》しくていられましょう」

王孫賈《おうそんか》は座《ざ》につきながらいった。それは、孔子がまだ浪々《ろうろう》の身でいるのに対して、挨拶《あいさつ》のつもりだったのである。

「私の門人に顔回《がんかい》という青年がいますが、どんなに窮迫《きゅうはく》しても、なにか深く心に楽しむところがあるように見受けられます」

孔子は顔回《がんかい》にことよせて自分の心境《しんきょう》を語った。王孫賈《おうそんか》はいささか顔を赤くした。それでも、

「霊公《れいこう》は、絶対に先生をお用いにならないお考えではけっしてありません。ただいろいろ事情が複雑しておりますために、延《の》び延《の》びになっているような次第で……」

と、やはり彼の話は、孔子《こうし》の仕官の問題にこびりついた。彼は例のことわざを持ち出すには、ひとまず話題をまったく他の方面にそらした方がよい、とは思ったが、それがどうもうまくいかなかった。孔子の方で都合《つごう》よく話題をそらしてくれても、彼の話はともするとその方にもどりがちであった。

彼はしかし、とうとう機会をつかまえた。それは二人の対話がちょっととぎれた時であった。彼は急に思い出したかのように孔子にたずねた。

「先生、私は若いころ、奥《おう》に媚《こ》びんよりはむしろ竈《そう》に媚びよ、ということわざを聞かされるごとに、あまり愉快《ゆかい》な感銘《かんめい》を受けませんでしたが、このごろ政治の実際にたずさわってみますと、これにも一面の真理が含まれているように思えてなりません。間違っていましょうか」

孔子はちょっと眉《まゆ》をひそめた。それから相手の顔を穴《あな》のあくほど見つめた。そしてかすかに微笑《びしょう》をもらしながらいった。

「爪《つめ》の垢《あか》ほどの真理も含まれてはいますまい」

王孫賈《おうそんか》は、孔子の否定的な答えを十分予期してはいたものの、孔子の態度や言葉つきに、いつもに似ぬ辛辣《しんらつ》さを感じて、氷室《ひむろ》にでも投げ込まれたように、身をすくめた。

孔子は、居《い》ずまいを正《ただ》して言葉をつづけた。

「われわれは、ただ天道《てんどう》に背《そむ》くことを懼《おそ》るべきです。罪を天に獲《え》てはどこにも禱《いの》るところはありません。それは、天がいっさいの支配者であり、真理の母だからです」

王孫賈《おうそんか》は殊勝《しゅしょう》らしくうなずいた。しかし心の底では、孔子《こうし》が仕官を求めていながら、方便《ほうべん》ということを知らないのを、少しもどかしく思った。

（芸がないのにも程《ほど》がある。こんな調子では、どうも当分見込《みこ》みはないだろう）

そう思って、彼はいい加減《かげん》にきりあげようとした。すると孔子は念を押すようにいった。

「竈《そう》に媚《こ》びないばかりでなく、奥《おう》にも媚《こ》びないのが君子《くんし》の道です。君子の道はただ一つしかありません」

孫賈《そんか》も、そうまでいわれて、孔子の真意を悟《さと》らない男ではなかった。やはり、自分の心をはっきりと見とおしていたのだ。そう思うと彼は、羞恥《しゅうち》と失望とで、ぶるぶるとふるえた。

しかし、彼が真《しん》に孔子の人物の高さを知ることができたのは、この時であった。そして、このことがあってから間《ま》もなく、晋《しん》の国の趙簡子《ちょうかんし》が、孔子を迎えるために、わざわざ衛《えい》の国に使者《ししゃ》を遣《つか》わした時、彼は国境《こっきょう》まで孔子を見送って、一語でも多くその教えをうけることに努《つと》めた。

1　子陳《しちん》に在《あ》りていわく、帰らんか、帰らんか。吾《わ》が党《とう》の小子《しょうし》、狂簡《きょうかん》にして、斐然《ひぜん》として章《しょう》を成《な》す。これを裁《さい》するゆえんを知らずと。（公冶長篇《こうやちょうへん》）

2　子《し》、衛《えい》の霊公《れいこう》の無道《むどう》なるをいう。康子《こうし》いわく、それ是《かく》の如《ごと》くば、奚《なん》ぞ喪《うしな》わざると。孔子《こうし》いわく、仲叔圉《ちゅうしゅくぎょ》は賓客《ひんかく》を治《おさ》め、祝駝《しゅくだ》は宗廟《そうびょう》を治《おさ》め、王孫賈《おうそんか》は軍旅《ぐんりょ》を治《おさ》む。それ是《かく》の如《ごと》し、奚《なん》ぞそれを喪《うしな》わんと。（憲問篇《けんもんへん》）

3　子《し》いわく、その以《な》す所を視《み》、その由《よ》る所を観《み》、その安《やす》んずる所を察《さっ》せば、人いずくんぞ廋《かく》さんや、人いずくんぞ廋《かく》さんやと。（為政篇《いせいへん》）

匡《きょう》の変《へん》

子匡《しきょう》に畏《い》す。顔淵《がんえん》後《おく》れたり。子《し》いわく、吾女《われなんじ》を以《もっ》て死せりと為《な》せりと。いわく、子《し》在《いま》す。回《かい》や何ぞあえて死せんと。

——先進篇《せんしんへん》

子匡《しきょう》に畏《い》す。いわく、文王《ぶんのう》すでに没《ぼっ》して、文《ぶん》ここに在《あ》らずや。天のまさにこの文《ぶん》を喪《ほろ》ぼさんとするや、後死《こうし》の者この文《ぶん》に与《あずか》るを得ざるなり。天の未《いま》だこの文《ぶん》を喪《ほろ》ぼさざるや、匡人《きょうひと》それ予《われ》をいかんせんと。

——子罕篇《しかんへん》

「そうです。いま思うと、このまえ陽虎《ようこ》の供《とも》をして来た時には、あそこからはいったのでした」

顔刻《がんこく》は、御者台《ぎょしゃだい》から策《むち》をあげて、くずれ落ちた城壁《じょうへき》の一角《いっかく》を指《さ》しながら、孔子《こうし》にいった。

孔子の一行《いっこう》は、衛《えい》を去って陳《ちん》に行く途中、今しも匡《きょう》の衛門《えいもん》にさしかかったところである。

——匡《きょう》は国境に近い衛《えい》の一邑《いちゆう》である。

「あの時は、陽虎《ようこ》もずいぶん乱暴を働いたそうじゃな」

孔子《こうし》は、車の窓からあたりの景色《けしき》を眺《なが》めながら、感慨深《かんがいぶか》そうにいった。——陽虎《ようこ》というのは、魯《ろ》の大夫《たいふ》季氏《きし》の家臣《かしん》であったが、陰謀《いんぼう》を企《くわだ》てて失敗し、国外に逃《のが》れ、匡《きょう》に侵入して暴虐《ぼうぎゃく》を働いた男である。

「ええ、まったくむちゃでした。掠奪《りゃくだつ》するし、婦女子は拘禁《こうきん》するしで、今でもさぞ匡《きょう》の人たちは怨《うら》んでいることでしょう」

「お前も、その怨《うら》まれている一人じゃな」

「お恥《は》ずかしい次第《しだい》です。しかし、あの時はどうにもできなかったのです。供《とも》をするのを拒《こば》みでもしたら、それこそ命がなかったのですから」

「で、お前もいっしょになって、なにか乱暴をやったのか」

「とんでもないことです。乱暴をやらなかったことだけは信じてください。私が陽虎《ようこ》のところを逃げ出したことでも、それはおわかり下さるでしょう」

そんなことを話しながら、まもなく一行《いっこう》は城門を入って、予定の宿舎《しゅくしゃ》についた。

しばらく何事もなかった。ところが、夕食をすまして一同がやっとくつろぎかけたころ、門外が急にざわつき出した。二、三の門人《もんじん》たちが、不思議《ふしぎ》に思って駆《か》け出してみると、いつのまにか、塀《へい》の周囲は、武装した兵士ですっかり取り囲まれていた。

「どうしたのです」

門人の一人が、おずおず門のすぐわきに立っている兵士にたずねた。

兵士はぎろりと目を光らしたきり、返事をしなかった。そして、他の兵士になにかひそひそと耳うちした。耳うちされた兵士は、二、三度うなずくと、すぐどこかに走って行ってしまった。

門人たちは、薄気味悪《うすきみわる》く思いながらも、しばらくあたりの様子《ようす》を見ていた。すると、さっき耳うちされた兵士が隊長らしい、いかつい顔をした髯男《ひげおとこ》といっしょにもどって来た。

「命令があるまでは、この家から一人たりとも門外に出すのではないぞ。よいか」

いかつい顔が、近くにいる兵士たちを睨《ね》め回しながらいった。ついでに彼は、孔子《こうし》の門人たちの顔を一人一人、穴のあくほど見つめた。

門人たちはまだわけがわからなかった。しかし、自分たちに関係のないことではないらしい、ということだけは、おぼろげながら推察《すいさつ》ができた。で、彼らは急いで門内にはいって、みんなにその様子《ようす》を報告した。

「なあに、われわれに関係したことではあるまい。あるいはなにかのまちがいかもしれないが。……とにかく、みんな静かにお休み。用があれば、今になんとか先方《せんぽう》からいって来るであろう」

孔子は、こともなげにそういって、自分の部屋に引きとった。

みんなは、しかし、落ちつかなかった。ことに顔刻《がんこく》は、不安そうな顔をして、何度も窓から外をのぞいた。

「よし、ぼくが真相《しんそう》を調べて来る」

子路《しろ》がたまりかねて、剣《けん》をがちゃつかせながら、一人で門外に飛び出した。

まもなく、彼は帰って来たが、かなり興奮していた。

「ばかばかしい。あいつらは、先生を陽虎《ようこ》とまちがえているんだ」

「なに、陽虎《ようこ》と？」

門人たちは、みんなあっけにとられた。

「そうだ。きょう車の中に、たしかに陽虎《ようこ》が乗っているのを見たというんだ」

「驚いたね」

「しかし、無理もない点がある。なにしろ、先生のお顔は、われわれが見ても、どうかしたはずみには、陽虎《ようこ》そっくりに見えるのだから」

「それにしても、少しひどいよ。お供《とも》の様子《ようす》を見ただけでも、たいていわかりそうなものじゃないか」

「ところがそのお供《とも》にも、大きな責任があるんだ」

「何だ、われわれにか」

「いや、みんなというわけではない。実は顔刻《がんこく》が御者台《ぎょしゃだい》にいたのが間違いのもとさ」

「なるほど。また陽虎《ようこ》の供《とも》をして来たと思ったんだな。それに先生のお顔が陽虎《ようこ》そっくりときているんでは、疑われるのも無理はない」

顔刻《がんこく》は、気ぬけがしたような顔をして、みんなの話を聞いていた。

「しかし、孔子《こうし》の一行《いっこう》だということを話したら、すぐわかってくれそうなものじゃないか」

「ところが、そう簡単にいきそうにないんだ。なにしろこの土地では陽虎《ようこ》は深い怨《うら》みがあるし、うっかりだまされて逃がしてしまったら、住民が承知しないというんだ」

「でも、先生に顔を出していただいたら、まさかあくまでも陽虎《ようこ》だとはいうまい」

「それが当てにならないんだ。なんでも、この土地で陽虎《ようこ》の顔を一番よく知っている箇子《かんし》という男が、先生を陽虎《ようこ》だと言いはっているらしいのでね」

「では、どうすればいいんだ。ぐずぐずしていると、今に乱入して来るかもしれないぞ」

「いや、そんな乱暴はめったにはやるまい。ほんとうの孔子の一行に、無礼《ぶれい》があってはならないということは、よくわかっているので、今は大事をとっているところらしい」

「それにしても、邑内《ゆうない》に先生のお顔を知っている者が、一人ぐらいはいそうなものだね」

「それがいると問題はないのだが、困ったことには、顔刻《がんこく》や陽虎《ようこ》の顔は知っていても、先生にお目にかかった者が一人もいないというんだ」

「で、結局どうしようというのかね」

「孔子《こうし》の一行だということがはっきりするまでは、このまま閉じこめておく考えらしい」

「おやおや。で、いったい、いつまで待てばいいんだ」

「少なくも調査に三、四日はかかるだろうといっていた。さっそく方々《ほうぼう》に人を出しているそうだ」

「ばかばかしい。そんなのんきな話があるものか」

「しかたがない。これも天命《てんめい》だろうさ。しかし、あまり長びくようであれば、こちらにも決心がある、と、そういっておいた」

「うむ、それはよかった」

「ところで先生はもうお寝《やす》みかね」

「まだだと思うが……」

「とにかく、先生にも一応事情をお話しておこう」

子路《しろ》はそういって孔子の部屋に行った。

門人たちは、子路《しろ》が去ると、急に黙りこんで顔を見合わせた。塀《へい》の外からは、おりおり兵士たちの叫《さけ》び声や、佩剣《はいけん》の音が聞こえてきた。顔刻《がんこく》はその音を聞くたびに、目玉をきょろつかせて、みんなの顔を見回した。

子路《しろ》はふたたびはいって来ていった。

「先生は、こちらからあまり突っつくようなことをしないで、静かに待っている方がいい、とおっしゃる。ただ先生が心配していられるのは、顔淵《がんえん》のことだ」

顔淵《がんえん》は、一行《いっこう》におくれて、その夜おそく匡《きょう》に着《つ》くことになっていたのである。

「そうそう。顔淵《がんえん》のことはついうっかりしていた。もうそろそろ着くころだが、事情を知らないで、うかうかとわれわれの宿を探しでもすると、変なことになるかもしれないね」

「用心深い男だから、めったなことはあるまいと思うが……」

「それにしても、まさかこんなことがあろうとは、夢にも思っていないだろうからね」

「なんとか方法を講《こう》じなくてもいいのか」

「方法って、どうするんだ」

「だれかこっそり城門の近くまで行って……」

「そんなことができるものか、こう厳重に取り囲まれていたんでは」

「いっそわれわれの方から、先方《せんぽう》の隊長に懇談《こんだん》してみるのも一方法だね」

「さあ、それもかえって藪蛇《やぶへび》になるかもしれない」

門人たちは、口々にそんなことをいって、ざわめき出した。

それまで、一言も発しないで、腕組《うでぐ》みをしながら考えこんでいた閔子騫《びんしけん》が、この時はじめて口を出した。

「顔淵《がんえん》はわれわれより知恵がある。先生はきっと、顔淵のためにわれわれが細工《さいく》をすることを好まれないだろう」

冉伯牛《ぜんはくぎゅう》と仲弓《ちゅうきゅう》の二人も、最初から沈黙を守っていたが、閔子騫《びんしけん》の言葉が終わると、いかにもそうだというように、深くうなずいた。すると子路《しろ》がいった。

「実は先生のご意見もそのとおりだ。心配はしていられるが、こちらで細工《さいく》をするより、本人に任《まか》した方がかえって安全だ、とおっしゃるんだ」

みんなは、孔子《こうし》が顔淵《がんえん》を信ずることの非常に篤《あつ》いのを知っていた。彼らのある者は、孔

子がかつて、

「顔淵[1]は終日《しゅうじつ》話していても、ただ私の言うことを聞いているだけで、一見《いっけん》愚かなように見えるが、そうではない。彼は黙々《もくもく》たる自己建設者だ。どんな境地《きょうち》に処《しょ》しても、つねに自分の道を発見して誤《あやま》らない人間だ。彼はけっして愚かではない」

といったことを思い起こした。で、だれも孔子の意に反してまで、顔淵《がんえん》のために手段を講《こう》じようとはいい出さなかった。

「すると、今夜は結局何もしないで、このまま寝るよりしかたがないのか」

「なんだか落ちつかないね」

「ぼくは寝たって眠れそうにないよ」

みんなはそうした不安な気持を語りあいながら、それからもしばらく起きていた。しかし、いつまで起きていても仕方がないので、門外の様子《ようす》に気を配《くば》りながら、やっとめいめいの床《とこ》についた。

眠れない一夜が明けた。兵士たちの足音は夜どおしきこえた。そして顔淵《がんえん》はついに姿を見せなかった。

ところで、包囲《ほうい》は翌日も、翌々日も解《と》けなかった。門人たちの不安は、刻々《こくこく》につのっていくばかりであった。孔子《こうし》をはじめ、五、六名の高弟《こうてい》たちは、さすがに落ちついているようなふうを見せてはいたが、顔淵《がんえん》の消息が、皆目《かいもく》わからないのには、彼らもすっかり弱りきった。時として、孔子の口からさえ、ため息に似たものが、かすかにもれることがあった。それをきくと、門人たちはいよいよたまらなかった。

子路《しろ》は少し気短《きみじか》になって来た。孔子は絶《た》えず彼の様子《ようす》に気をつけて、できるだけ彼の気持ちを落ちつけるように努《つと》めた。そのために、彼はしばしば楽器《がっき》を奏《かな》で、歌をうたい、子《し》路《ろ》に合唱《がっしょう》を命じたりした。

四日目の夜更《ふ》けであった。孔子と子路《しろ》が門人たちに囲まれて、例によって歌をうたっているところへ、ひょっくり顔淵《がんえん》が戸口に姿を現わした。さすがの孔子も、歌をうたい終わるまでがまんができなくて、飛びつくように、彼の方に走って行った。

「おお、よく無事でいてくれた。わしはもうお前が死んだのではないかと思っていた」

顔淵《がんえん》は、目にいっぱい涙をためて答えた。

「先生がまだ生きていられるのに、私だけどうして先に死なれましょう」

みんなもその時は総立《そうだ》ちになっていたが、二人の言葉を聞くと、画のようにしーんとなって、動かなかった。

孔子《こうし》は、手をとるようにして顔淵《がんえん》に席を与えた。そして、この二日間、どこにどうしていたか、また、どうして囲みを破って無事に家の中にはいることができたかをたずねた。

「まあお坐《すわ》り」

顔淵は答えた。

「あの晩城門《じょうもん》をはいると、すぐだいたいの様子《ようす》がわかりましたので、そしらぬ顔をして、別に宿《やど》をとることにしました。そして、先生の一行《いっこう》が衛《えい》から陳《ちん》に行く途中、ここを通られたはずだということを、この四日間、できるだけ住民に吹聴《ふいちょう》しました。そのうちに、こちらのお宿から絃歌《げんか》の音が聞こえ出したのです。その時はなんともいえない感じでした。住民の中にも、その音をきいて、これは陽虎《ようこ》ではない。陽虎《ようこ》にあんなすぐれた音楽ができようはずがない、などという者も出てきたようです。で、私もいくぶん安心しまして、思いきって隊長に事情を話し、中に入れてもらうように交渉《こうしょう》しますと、案外たやすく承知してくれました。もっとも、中にはいる分《ぶん》にはかまわないが、いったんはいったら、二度と出られないかもしれない、などとおどかされましたが……」

門人たちは、安心とも不安ともつかないような顔をして、たがいに目を見合わせた。

孔子《こうし》は、久方《ひさかた》ぶりに晴れやかな笑顔《えがお》をしていった。

「これで一行《いっこう》の顔もそろった。今後どうなろうと、みんないっしょだと思えば気が楽《らく》じゃ。今夜はゆっくり休ましてもらおうか」

孔子がそういって立ち上がろうとした時であった。門のあたりで急にののしり合う声が聞こえた。

「陽虎《ようこ》だ！　何といったって陽虎にちがいないんだ」

「万一孔子の一行《いっこう》だったらどうする」

「万一もくそもあるもんか。おれたちの家財も娘もだいなしにしやがった陽虎《ようこ》じゃないか。あいつの顔は、このおれの目に焼きついているんだ」

「そりゃそうかもしれない。しかし、もうあと一日だ。せっかく今までがまんしたんだから、あすまで待ってくれ」

「明日《あす》まで待ったら、間違いなくおれたちに引き渡すか」

「そりゃ隊長の命令次第《しだい》さ」

「それみろ。そんなあいまいなことで、おれたちをごまかそうたって、だめだ」

「ごまかすんじゃない。いま調査中なんだ。明日《あす》までには、きっとはっきりするんだ」

「ふん、なにが調査だ。あいつらの音楽にたぶらかされて、隊長自身が、孔子《こうし》の一行《いっこう》にちがいないなどといい出すような調査は、くそ食《く》らえだ」

「なにも音楽だけで決めようというのではない。世間《せけん》のうわさでも、孔子がここを通られることは確《たし》からしいのだ」

「それも、二、三日前から、変《へん》な奴《やつ》がここいらをうろついて、いいふらしたことなんだろう」

「それはかりでもないさ」

「じゃあ、どんな証拠があるんだ」

「証拠は隊長のところにある」

「そうれ、知るまい。自分で知らなきゃあ、すっこんでいろ。おれたちの考えで勝手にするんだ。……おい、みんな来い」

「待てったら」

「畜生《ちくしょう》、なぐったな」

「命令だ！」

「なにを！」

小競《こぜ》り合いが始まったらしい。つづいて群集の喚声《かんせい》、兵士たちのそれを制止する叫び声、どたばたと走りまわる足音、佩剣の響《ひび》き、物をなげる音などが、騒がしく入りみだれた。

門人たちは、孔子《こうし》を取り巻いて、硬直《こうちょく》したように突っ立った。だれの顔も真《ま》っ青《さお》だった。なかには、がちがち体をふるわせている者もあった。

孔子は、ちょっと目をつぶって思案していたが、しずかに目を開くと、門人たちの顔を一巡《ひとめぐり》見回した。

「恐れることはない。みんなお掛《か》け」

彼はそういって席についた。門人たちも、腰《こし》をおろしたが、その多くは上半身を浮かしたままであった。

孔子は、おごそかな、しかもゆったりした口調で話し出した。

「文王《ぶんのう》が歿《な》くなられて後、古聖人《こせいじん》の道を継承《けいしょう》しているのは、このわしじゃ。わしはそう信じる。そして、これはまさしく天意《てんい》じゃ。永遠に道を伝えんとする天意の現れじゃ。もし道を亡《ほろ》ぼすのが天意であるなら、なんで、後世《こうせい》に生まれたわしなどが、詩書礼楽《ししょれいがく》に親しむことがあろう。天はきっとわしを守ってくださる、いや、わしのこの大きな使命《しめい》を守って下さる。天意によって道を守り育てているこのわしを、匡《きょう》の人たちがいったいどうしようというのじゃ。みんな安心するがよい」

なかば腰《こし》を浮かしていた門人たちは、やっとめいめいの席に落ちついた。

「それに――」と、孔子《こうし》はつづけた。

「[2]人間というものは、心の底をたたけば、必ず道を求め、徳《とく》を慕《しと》うているものじゃ。だから徳にはけっして孤立《こりつ》ということがない。どんなに寂《さび》しくても、徳を守りつづけていくうちには、だれかはきっとこれに感応《かんのう》して手を握《にぎ》ろうとする。匡《きょう》の人たちも、やはり同じ人間じゃ。現に、陽虎《ようこ》をにくんでも、この孔子をにくんではおらぬ。心配することはない。ただ天を信じ、己《おのれ》を信じて、正しく生きてさえいけば、道は自然に開けて来るものじゃ」

　門外の騒ぎは容易に治《おさ》まらなかった。しかし、それに引きかえて、室内は、だれ一人息をする者もないほど、静まりかえっていた。

　孔子は、話を終わると、もう一度みんなの顔を念入《ねんい》りに見回して、しきりに一人でうなずいた。そして、最後に、隅《すみ》っこに小さくなってすわっている顔刻《がんこく》を見つけると、彼は急に笑顔《えがお》になっていった。

「ほう、顔刻《がんこく》もまだ無事で結構じゃ」

　顔刻《がんこく》はいよいよ小さくなった。

「では、子路《しろ》――」

　と、孔子《こうし》は、やはりにこにこしながら、子路《しろ》を顧《かえり》みた。

「またいっしょに文王《ぶんのう》の楽《がく》でも始めようか」

子路《しろ》は、今まで汗《あせ》がでるほど握《にぎ》りしめていた剣《けん》を、鞘《さや》ごと自分の前に突っ立てて、右手でそれをたたきながら、調子をとりはじめた。

二人の喉《のど》からは、やがて朗々《ろうろう》たる歌声が流れ出した。他の門人たちは、しばらくそれに耳をすましていたが、まもなくそれに合わせて、ある者は歌い、ある者は剣をたたいた。

門外の騒音《そうおん》と、屋内《おくない》の旋律《せんりつ》とは、かなり長い間、星空の下にもみ合っていたが、騒音はしだいに旋律《せんりつ》に圧せられて、小半時《こはんとき》〔約一時間〕もたつと、匡《きょう》の人々は、子守り歌でも聞きながら、深い眠りに落ちていくかのようであった。

翌日は、隊長をはじめ、匡《きょう》の役人たちが五、六名、礼《れい》を厚うして孔子に面会を求めた。だれよりも生き返ったようになったのは顔刻《がんこく》であった。しかし彼は、その日の出発に際して、どうしても孔子の車の御者台《ぎょしゃだい》に乗ろうとはしなかった。

1　子《し》いわく、吾回《われかい》という。終日違《しゅうじつたが》わざること愚《ぐ》なるが如《ごと》し。退《しりぞ》きてその私を省《み》れば、また以《もっ》て発するに足《た》れり。回《かい》や愚《ぐ》ならずと。（為政《いせい》篇）

2　子《し》いわく、徳《とく》は孤《こ》ならず、必ず鄰《りん》ありと。（里仁《りじん》篇）

司馬《しばぎゅう》牛の悩み

司馬《しば》牛《ぎゅう》憂《うれ》えていわく、人皆兄弟《みなけいてい》あり、我独《われひと》り亡《な》しと。子夏《しか》いわく、商《しょう》これを聞けり、死生命《しせいめい》あり、富貴天《ふうきてん》に在《あ》りと。君子《くんし》敬《けい》して失《うしな》うことなく、人と恭《きょう》にして礼《れい》あらば、四海《しかい》の内《うち》、皆兄弟《みなけいてい》なり。君子《くんし》何ぞ兄弟《けいてい》なきを患《うれ》えんやと。

——顔淵《がんえん》篇

司馬《しば》牛《ぎゅう》君子を問う。子《し》いわく、君子《くんし》は憂《うれ》えず、懼《おそ》れずと。いわく、憂《うれ》えず懼《おそ》れざる、これを君子《くんし》というかと。子《し》いわく、内《うち》に省《かえり》みて疚《やま》しからずんば、それ何をか憂《うれ》え、何をか懼《おそ》れんやと。

——顔淵《がんえん》篇

司馬牛《しばぎゅう》は、孔子《こうし》の一行《いっこう》から少し離れて、とぼとぼとそのあとに蹤《つ》いた。一足《ひとあし》ごとに彼の気が滅入《めい》ってくる。みんながさも親しそうに話している様子《ようす》がうらやましくてならない。自分もいっしょになって歩きたいのはやまやまだが、一行が宋《そう》の国にほとんど足を留《とど》めないで、こうして去って行くのも、兄桓魋《かんたい》の無道《むどう》な振《ふ》る舞《ま》いからだと思うと、自然気がひけて、おくれがちになる。

（なんという乱暴な兄をもったものだろう）

と、またしても、彼は同じことを心の中でくり返して、深い吐息《といき》をついた。そして危難《きなん》がせまって来た時の孔子《こうし》のおごそかな言葉を思い起こして、粛然《しゅくぜん》となった。――

「自分はこの徳《とく》を天に授《さず》かっている。もし自分に万一のことがあれば、それは天の心だ。桓魋《かんたい》などの力で、自分はどうにもなるものではない」[1]

なんという自信のある言葉だ。しかも孔子は、人事《じんじ》を尽《つ》くして天命《てんめい》を俟《ま》つというのか、こうして服装をかえ、輿《かご》にも乗らないで、忍《しの》びやかに去って行く。なんという思慮《しりょ》のある行動だ。おそらく兄の方では、自分の威力《いりょく》に恐れて孔子が逃げ出した、とでも思っているだろうが、孔子は元来《がんらい》兄を人間扱いにはしていないのだ。

人間扱いにされない兄！　思っただけでもぞっとする。それに次兄《じけい》の子頎《しき》といい、三兄《さんけい》の子車《ししゃ》といい、どうして自分の兄弟《きょうだい》はこう揃《そろ》いも揃《そろ》って悪人《あくにん》ばかりいるのだろう。宋《そう》の国がこんなに不安な状態になっているのも、まったく三人がその兵力を恃《たの》んで非望をたくらんでいるからのことだ。

それにしても、孔子は自分のことをどう思っていられるだろう。自分はまじめに孔子の教えを受けたいばかりに、こうして一行《いっこう》に加わってはいるものの、みんなの視線が、なにかの拍子《ひょうし》に自分に集まるところをみると、自分もやはり怪《あや》しまれているのではないだろうか。「血のつながりというものは争《あらそ》えないものだ」と、どうもみんなの目が、そういっているように思えてならない。

孔子《こうし》だけは、まさかと思うが、それにしても、自分と視線が会うと、すぐ目をそらしてしまわれるのは、どうしたわけだろう。ああいやだ。考えるとなにもかもいやだ。いっそこのまま逃げ出して、山奥にでもはいってしまおうか。だが、そうなると、ますます疑われるだけだ。とうとう兄たちのところに帰って行った、などと思われるくらいなら、むしろみんなに足蹴《あしげ》にされる方がましだ。

司馬牛《しばぎゅう》は、そんなことを考えているうちに、一行《いっこう》から一町《ちょう》〔約一〇〇メートル〕以上もおくれてしまった。だれも彼の方をふり返らない。思いなしか、それがわざとのように思えて、彼はますます寂《さび》しい気持になる。急いで追いつこうという気がしない。

日暮《ひぐ》れに近い風が急に冷《ひ》え冷《び》えと襟《えり》をかすめる。――秋である。

道はゆるやかな上《のぼ》り坂になっていた。一行《いっこう》は、もう峠《とうげ》を越《こ》えかかっている。つぎつぎにみんなの姿が隠れていく。その最後の一人が隠れてしまうと、彼の目がしらが急に熱くなって、思わず涙が頬《ほお》を伝《つた》った。彼は声をあげて泣きたくさえなった。

「おうい、どうしたあ――」

子夏《しか》の声である。子夏《しか》がふたたび峠《とうげ》に引きかえして来て、司馬牛《しばぎゅう》を呼んだのである。

司馬牛《しばぎゅう》は急いで涙を拭《ふ》いた。そしてそしらぬ顔をして足を早めた。

「足が痛《いた》むんじゃないかね」

「いいや、大丈夫《だいじょうぶ》」

「つい話に夢中《むちゅう》になって、君が遅れていることに、ちっとも気がつかないでいた。先生に注意されて、みんなはじめて知ったんだ」

子夏《しか》の口吻《こうふん》には少しのこだわりもなかった。司馬牛《しばぎゅう》は嬉《うれ》しかった。孔子《こうし》が最初に気がついて注意してくれたというのも、彼には嬉《うれ》しいことの一つであった。彼は寂《さび》しく微笑《びしょう》した。

「なんだか元気がないようだね」

子夏《しか》は彼と並《なら》んで歩きながらいった。一行《いっこう》は立ち止まって、二人が峠《とうげ》に現れるのを待っていたが、二人がそろって坂を下《お》りかけたのを見ると、すぐまた歩き出した。

「そう見えるかもしれない。ぼくは実際寂《さび》しいんだ」

司馬牛《しばぎゅう》は、しばらく間《ま》をおいてそう答えたが、彼の胸は、またしだいに重くなっていくのであった。

「君の気持はよくわかる。しかし、君自身に罪はないじゃないか。みんなはむしろ君を気の毒に思っているんだ」

「………」

沈黙がしばらくつづいた。司馬牛《しばぎゅう》は二、三度大きな吐息《といき》をついてからいった。

「ぼくには、もう兄弟《きょうだい》がいないんだ。みんないい兄弟をもっているのに、ぼくにはそれがないんだ」

今度は子夏《しか》が吐息《といき》をついた。しかし彼はすぐそれを笑いにまぎらしながら、

「そんな感傷《かんしょう》はよしたまえ。先生がいつもいっておられるとおり、死生《しせい》や富貴《ふうき》が天命《てんめい》なら、兄弟に縁《えん》のないのも、やはり天命さ。おたがい、心に敬《つつ》しみをもち、その心をもって社会生活を整《ととの》えていく努力をしさえすれば、四海《しかい》いたるところに兄弟は見いだせる。なにも肉親の兄弟ばかりが兄弟ではあるまい。現に、すぐ目の前に君の心の兄弟が何人も歩いているではないか」

「ほんとうにみんなはぼくを兄弟だと思ってくれるだろうか」

「いまさら何をいってるんだ。どうも君は自分で自分をつまらなくすることばかり考えて

いる。もっと自信を持ちたまえ」

司馬牛《しばぎゅう》の足どりはいくぶん軽くなった。

「さあ、みんなといっしょになって歩こう」

子夏《しか》は彼をせき立てて、大股《おおまた》に歩き出した。

二人が一行《いっこう》に追いついたのは、坂を下りきった橋の袂《たもと》のところであった。みんなはそこでしばらく足を休めた。子游《しゆう》と子夏《しか》とはあたりの景色《けしき》を眺《なが》めながら詩を吟《ぎん》じた。宰我《さいが》と子貢《しこう》とは相変《あいか》わらず立ったままで議論をつづけた。子路《しろ》と冉有《ぜんゆう》とは今夜の宿の相談をした。顔淵《がんえん》、閔子騫《びんしけん》、冉伯牛《ぜんはくぎゅう》、仲弓《ちゅうきゅう》の四人は並《なら》んで腰《こし》を下《お》ろしたが、めいめいに何か考えに耽《ふけ》っているようだった。

孔子《こうし》は少し離れたところに一人腰《こし》を下《お》ろして、じっと水に見入っていた。

司馬牛《しばぎゅう》は、しばらくみんなの様子《ようす》を見回していたが、意を決《けっ》したように、孔子の前に進んで行った。

孔子は彼に気づくと、静かに顔を上げて微笑《びしょう》した。

「先生、ご心配をおかけしまして、相《あい》すみません」

「別にぐあいのわるいこともなかったようじゃな」

「いいえ、別に。……少し考え事をしていたものですから」

「考え事？　というと？」

孔子の顔は少し曇った。司馬牛《しばぎゅう》はあからさまに自分の悩みを打ち明けるつもりだったが、孔子がすでに自分の胸のうちを見すかして、非難しているような気がしたので、とっさに思いつきの質問をしてしまった。それは、彼らの間につねに使われる「君子《くんし》」という言葉の意味であった。

孔子《こうし》は、その質問をうけると、ちょっと目を閉じた。そしておもむろに答えた。

「君子は憂《うれ》うることがない。また懼《おそ》れることがない」

司馬牛《しばぎゅう》は、君子の説明としては、少しあっけないような気がした。しかしまたなにか深い意味があるようにも思った。彼はふたたびたずねた。

「憂《うれ》えず懼《おそ》れないというだけで、君子といえましょうか」

「憂《うれ》えず懼《おそ》れないということは、だれにもできることではない。それは自《みずか》ら省《かえり》みて疚《やま》しくない人だけにできることなのじゃ」

司馬牛《しばぎゅう》は一応孔子の意味を理解した。しかし、まだ彼は、それを自分の問題に結びつけて考えてはいなかった。孔子はもどかしそうにいった。

「人の思惑《おもわく》が気にかかるのは、まだどこか心に暗いところがあるからじゃ」

司馬牛《しばぎゅう》はひやりとした。なんだ、自分のことだったのか、と思った。そして心に暗いところがあるといわれたのが、おそろしく彼の神経を昂《たか》ぶらせた。孔子はそれを見逃《みのが》さなかった。そして司馬牛《しばぎゅう》がなにか弁解をしようとするのをおさえるように、

「君が、兄弟《きょうだい》たちの悪事に関《かか》わりのないことは、君自身の心に問《と》うて疑う余地《よち》のないことじゃ。それだのに、なぜ君はそんなにくよくよするのじゃ。なぜ乞食《こじき》のように人にばかり批判を求めるのじゃ。それは、君が君自身を愛しすぎるためではないかな。……われわれには、もっとほかにすることがあるはずじゃ」

司馬牛《しばぎゅう》のこれまでの悩みは一時に吹きとんだ。しかし同時に、彼はいっそう大きな悩みにつき入る用意をしなければならなかった。それは人間の大きな道が、巌《いわお》のように彼自身の前に突っ立っているのを発見したからである。

1　子いわく、天徳を予《われ》に生ぜり。桓魋《かんたい》其れ予を如何せんやと。（述而篇《じゅつじ》）

孔子《こうし》と葉公《しょうこう》

葉公《しょうこう》孔子《こうし》に語りていわく、わが党《とう》に躬《み》を直《なお》くする者あり。その父羊《ひつじ》を攘《ぬす》みて子《こ》これを証《しょう》すと。孔子《こうし》いわく、わが党《とう》の直《なお》き者はこれに異《こと》なり。父は子のために隠《かく》し、子は父のために隠す。直《なお》きことその中《うち》に在《あ》りと。

——子路《しろ》篇

葉公沈諸梁《しょうこうちんしょりょう》は、孔子《こうし》が門人《もんじん》たちを引きつれて、自分の国にやって来てから、ひどく憂鬱《ゆううつ》になっている。

彼はまだ孔子に会っていない。実はあまり会いたくないのである。というのは、葉《しょう》は国とはいうものの、もともと楚《そ》の一地方でしかない。しかるに、楚《そ》が侯国《こうこく》でありながら王を僭称《せんしょう》しているのに倣《なら》って、彼も自《みずか》ら公《こう》と称することにしている。孔子がそれをおもしろく思っていないのは明らかだし、ひょっとしたら面《めん》と向かって何とかいい出すのかもしれない。そう思うとまず気がひける。

それに、第一、彼は先王《せんのう》の道などを真剣に自分の国に用いようとする意志がない。迂遠《うえん》な道徳論なんか、今の時勢では、実際政治のじゃまになるばかりだと考えている。体裁《ていさい》だけの理屈《りくつ》なら、別に孔子《こうし》に聞かなくても、自分でも相当《そうとう》心得ているつもりだ。孔子に会えば、どうせ正面からは反対のできないようなことを献策《けんさく》されるだろうが、うっかり話に乗っていると、人民どもは耳が早いから、それが、すぐにも実現するように思って、糠喜《ぬかよろこ》びをするかもしれない。この糠喜《ぬかよろこ》びというやつが政治には何より毒だ。

子どもだって食べものを見せないうちは案外おとなしくしているが、一度それを見せてから与えないと、まったく手に負《お》えなくなるものだ。なんでも人民どもは、孔子がやって来たということを聞いただけで、今にこの国の政治が善《よ》くなるだろう、などとうわさしているそうだから、いよいよ自分が会って政治上の指導でも受けたとなると、あとが思いやられる。藪《やぶ》をつついて蛇《へび》を出すようなことは、まず控《ひか》えた方が得策《とくさく》のようだ。

だが、あれほど評判の高い人が、わざわざこの国にやって来たというのに、まるで知らん顔をするのも、なんだか気がとがめる。もし人民に誠意《せいい》を疑われでもしたら、結果はやはりおもしろくない。それに隣国《りんごく》に対する面目《めんもく》も、一応は考えてみなければならない。万一《まんいち》隣国で、葉《しょう》は小国だから聖人を遇《ぐう》する道を知らないとか、あるいは、孔子の方ですっかり見切《みき》りをつけて相手にしなかったとか、うわさされたら、それこそ恥辱《ちじょく》だ。あるいは、そんなことが、将来外侮《がいぶ》を受ける原因にならないものでもない。

もっとも、どこの国でも、喜んで孔子《こうし》を迎えはしなかったようだ。彼の郷国《きょうごく》の魯《ろ》ですら、一度は彼を重用しておきながら、今ではまるで構《かま》いつけもしないという話だ。あるいは聖人というのは名ばかりで、実はたいしてさわぐほどの人物ではないのかもしれない。もしそうだと、かえって会った方がいい。会って化《ば》けの皮《かわ》をひんむいてやれば、人民どもも安心するだろう。

そういえば、一つ腑《ふ》に落ちないことがある。はじめて人の国を訪ねて来たら、いくら聖人でも、いや聖人ならなおさらのこと、その国の君主《くんしゅ》に、まず自分の方から謁見《えっけん》を願い出るのが礼《れい》というものだ。それだのに、門人《もんじん》の子路《しろ》なんかを、なんの用ともつかずによこしておいて、まるで一国の君主《くんしゅ》を餌《えさ》で釣《つ》るようなまねをしている。国が小さいので軽く見ているのかもしれないが、君主たるの資格は、国の大小にはかかわらないはずだ。しかも、あの子路《しろ》という奴《やつ》が気にくわない。いやに傲然《ごうぜん》と構《かま》えて、こちらから孔子の人物をたずねてみても、ろくに返事もしない。なんでも、あとで孔子は、

「[1]寝食を忘れて精進《しょうじん》努力し、ひたすらに道を楽しんで、老の将《まさ》にいたらんとするのも知ら

ないでいる、と答えたらよかったではないか」

などといっていたそうだが、そんなことをいうところをみると、いよいよ食《く》わせ者のように思えてならない。

だが、それにしても——と、彼の考えはまた逆もどりする。彼は懸命《けんめい》に孔子《こうし》を無視しようと努《つと》めてはみるが、努めれば努めるほど、かえってまだ見ぬその姿が重々《おもおも》しく彼の胸を圧迫する。彼は、自分の宮殿《きゅうでん》のまん前に、だしぬけに山ができて、それが日ごとに大きくなっていくような気がしてならないのである。

重臣《じゅうしん》たちの中には、葉公《しょうこう》が孔子を引見《いんけん》しないのを、内心《ないしん》喜んでいる者もあった。しかし、彼らは口に出してそれをいおうとはしなかった。

まじめな重臣《じゅうしん》たちは、葉公《しょうこう》の優柔不断《ゆうじゅうふだん》を心配した。そして、相手が偉すぎるので葉公《しょうこう》も気おくれがしているのだろう、と察して、それとなく彼を激励《げきれい》した。しかし葉公《しょうこう》にとっては、臣下《しんか》からの激励は一種の侮辱《ぶじょく》でしかなかった。彼は妙《みょう》に反発した。

(今に見ていろ、一ぺんで孔子をへこましてみせるから)

けれども、孔子をへこませるようなりっぱな政治上の意見は、彼の頭の中のどこにも用意されていなかった。そして、いらいらした気分で、十日、十五日とたってしまった。

そのうちに、まじめな重臣《じゅうしん》たちは、世間《せけん》の思惑《おもわく》を考えて、自分たちだけでも孔子に会っておいた方がいい、と考えた。で、かわるがわる孔子の宿を訪ねて教えをうけた。若い臣《しん》下《か》たちや、まだ志《こころざし》を得ないでいる青年たちがそれに倣《なら》った。またたく間《ま》に、孔子の門前《もんぜん》は市《いち》をなすに至った。そして彼の名声は日に日に高くなるばかりであった。

すべてこうしたことは、葉公《しょうこう》にとって、ますます不利であった。ついにだれいうとなく、

「葉公《しょうこう》はどうしても聖人に会えないような、やましいことがあるのだ」

というような声が、巷《ちまた》に聞こえてきた。まじめな重臣《じゅうしん》たちは、放っておけないと思って、流言《りゅうげん》を取り締《し》まるとともに、思いきって葉公《しょうこう》にもそのことをいった。葉公《しょうこう》はむろん不愉《ふゆ》快《かい》に思った。そして、

「勝手に孔子《こうし》をたずねたお前たちこそ、その責任を負《お》うべきだ」

といいたかった。しかし彼はむかつく胸をやっと壓《おさ》えて、孔子の人物について彼らの見るところを話さした。彼は、一つでも孔子の欠点だと思われるようなことを、彼らの言葉の間から見いだそうと試《こころ》みたのである。

彼のこの試《こころ》みは、しかし、徒労《とろう》に終わった。彼らは口を極《きわ》めて孔子をほめそやすばかりであった。

（ばかな奴《やつ》らだ）

彼は心の中で、強《し》いてそう思った。しかしそう思ったからといって、それは、孔子との会見《かいけん》を正面から拒絶する理由には、どうしてもならなかった。

「お前たちが、それほどりっぱな人物だと思うなら、会ってみよう。だが、わしと政治上の意見を戦わして、もしわしが勝ったら、今後は一人たりとも、孔子の間に出入りしてはならないぞ」

彼は、なんの自信もなかったが、そんな強がりをいって、孔子《こうし》との会見を承知してしまった。日取りは明日《あす》ということになった。

その晩の彼の苦心は実に惨憺《さんたん》たるものであった。彼の今日《きょう》までの政治的体験から、自《みずか》ら省《かえり》みて恥《は》じないような業績《ぎょうせき》を探し出すことは非常に困難であった。ただ彼には、一つだけ自信のもてることがあった。それは、厳罰《げんばつ》主義で臨《のぞ》んでいる結果、法律が領内によく行われているということであった。けれども、厳罰主義を人民がいやがっていることは、彼もよくよく承知しているので、大っぴらにそれをいうわけにはいかなかった。できれば、厳罰主義のことをいわないで、人民に遵法《じゅんぽう》の精神がみなぎっているようなふうに話す工夫《くふう》はあるまいか、と考えた。

ふと彼は、数ヵ月前、役人から受けた報告の中に、非常に感ずべき事件のあったことを思い出した。

(そうだ、あれはまったく珍しい事件だった。あれならだれが聞いても、人民にも遵法《じゅんぽう》の精神が横溢《おういつ》している結果だと思えるだろう。なにしろ、親子の関係をすら超越《ちょうえつ》して、国法を守ろうとしたのだから)

彼は夜が明けると、係の役人を呼んで、もう一度、事件の内容をくわしく書類によって調べさした。書類には次のようなことが書いてあった。

「某《なにがし》は、隣家《りんか》から迷いこんで来た羊《ひつじ》を、そしらぬ顔をして自分のものにしてしまった。しかし、その羊が隣家《りんか》のものであるということを説明する材料は、なにひとつなかった。そこで、この事件は、隣家の者のいいがかりだということに決定するより仕方がなくなっていた。ところが、某《なにがし》の息子《むすこ》が、わざわざ役所にやって来て、国法は曲《ま》げられません、私は正直を愛します、といって、羊が迷いこんで来た当時の事情をくわしく申し立てた。役所では、法律に従って厳重に横領者《おうりょうしゃ》を罰《ばっ》するとともに、息子《むすこ》には規定どおりの賞金を与えることにした」

葉公《しょうこう》は、息子のいった、「国法は曲げられません、私は正直を愛します」という言葉を、特に印象深く聞いた。そして、幾度《いくど》もそのことばを心の中でくり返しながら、孔子《こうし》との会《かい》見《けん》の時刻を待った。

葉公《しょうこう》が、孔子を一目見て、まず案外に思ったのは、その衰《おとろ》えた風貌《ふうぼう》であった。六十を五つ六つもこしたかと思われるその顔は、日にやけて黒ずんでいた。衣装《いしょう》もよれよれになっていて、いかにもみすぼらしかった。それに物《もの》ごしの柔《やわ》らかなところが、まったく彼の予想を裏切《うらぎ》った。彼は、自分だけが今まで張りきっていたのを、ばかばかしいとさえ思った。で、急に軽い気持ちになって、口早《くちばや》にたずねた。

「せっかく、遠路《えんろ》この国にお立ち寄り下さいましたので、今日《きょう》は政道《せいどう》についてのお考えを承《うけたまわ》[2]りたいと存じます」

孔子《こうし》は、葉公《しょうこう》のぺらぺらしたものの言い方を、心もとなさそうに聞いていたが、しばらくの間をおいて、ゆっくりと答えた。

「ご領内の、近くに住む人民を心から喜ばしておあげなされ」

葉公《しょうこう》はちくりと刺《さ》されたような気がした。しかし、どこの国に行っても、同じようにこんなことをいっているのだろうと思うと、おかしくもあった。

「人民はみな喜んで生業《せいぎょう》を営《いとな》んでおります。ことに都《みやこ》に近く住んでいる者どもは」

葉公《しょうこう》は無造作《むぞうさ》に答えた。すると孔子はすかさずいった。

「さすれば、遠くの者は、公《こう》のふうを慕《した》って、どしどしお近くに居《きょ》を移すでありましょうがな」

葉公《しょうこう》は、むしろその反対に、自分の勢力の及ばない境外《きょうがい》へ居《きょ》を移すものが、このごろ多いのを思い起こして、ぎょっとした。そして、この老爺《ろうや》、相当にいろんなことを知っているな、と思った。

「いや、これはおそれ入《い》りました。私の国はまだなかなかそこまではいっておりませんので、今後はいっそう気をつけたいと存じております」

彼は正直にそう白状《はくじょう》するより仕方がなかった。そして一刻《いっこく》も早く、自分の思うつぼに話を引っぱりこんでいきたいと考えたので、すぐ話をつないだ。

「ところで、[3]政治というものは、民《たみ》を喜ばすばかりが能《のう》ではなく、民《たみ》を正しくすることがなによりたいせつだと存じますが、いかがなものでございましょうか」

「それはそのとおりです。政《せい》は正《せい》なりと申しますくらいで。……もっとも、上に立つ者の方で何が正しいかをはっきり理解しておりませんと、とんでもない結果になることもありますが……」

「私は人民を正しく導《みちび》き得たという点では、相当の自信をもっております」

葉公《しょうこう》はいかにも自信ありげに、きっぱりといった。孔子《こうし》は少しあきれたように、彼の顔を見ていたが、

「それはけっこうでございます。もしそれが、ほんとうの意味でおできになりましたとすると、まさしく堯舜《ぎょうしゅん》にも比ぶべきご政治でございます」

葉公《しょうこう》は、目玉をくるくるさした。彼は孔子の言葉が大げさすぎたので、少し気味《きみ》が悪かったのである。孔子はにこにこしながら、

「お国の人民が、どんなふうに正しいか、もしその一、二でもお聞かせ願えればしあわせに存じますが……」

葉公《しょうこう》は、しめた、と思った。が、同時に、昨夜から考えておいた、たった一つの例では足りないことになりはしないか、と心配もした。で、彼はできるだけもったいをつけて、ゆっくりそれを話すことにした。

話の途中、孔子《こうし》は幾度《いくど》か眉《まゆ》をよせた。葉公《しょうこう》はそれを見るたびに、少しずつ自信を失っていった。そして親を告発した息子《むすこ》に賞金を与えたことだけは、どうしても、口にする勇気がなかった。

聞き終わって孔子はいった。

「お国の正しい人間というのはそのような種類の人間を指《さ》すのでございましょうか」

葉公《しょうこう》は、もうその時は頭が血でいっぱいになっていた。そしてやけ気味《ぎみ》に椅子《いす》から立ち上がって叫《さけ》んだ。

「彼は国法を曲《ま》げたくなかったのです。彼は父よりも正直を愛したのです」

「まあ、お掛《か》け下さい」

と、孔子は憐《あわれ》むように彼を見ながらいった。

「もしあなたが、まじめに政治のことをお考えになるなら、落ち着いてひととおり私の申し上げることをお聞きください。あなたは私に無理に勝とうとなさいます。それがいけません。それで変《へん》な例などをお引きになるのです。あなたは人民の正しいことをご主張なさるために、ただいまのような例をお挙《あ》げになりましたが、実は二人の人民のうち、一人は泥棒《どろぼう》で、一人は訴人《そにん》であるということをお述べになったにすぎません」

葉公《しょうこう》は、半《なか》ば口を開いたまま、ぐったり椅子《いす》に腰を下《お》ろした。

「しかもその訴人《そにん》というのは、肉親の父を訴《うった》えた人間です。お国では、そんな人を正しいというかもしれませんが、私の郷国《きょうごく》で正しい人間というのは、まるでそれとはちがっています。父は子のために悪いことを隠してやり、子は父のために悪いことを隠してやる、それが人間の本当の正直さだと、だれも彼もが信じきっています。あなただって、無理に私に勝とうとなさるお心さえ取り除いて下されば、きっと同じようなお考えにおなりだと存じますが……」

葉公《しょうこう》は色青ざめて、瞼《まぶた》を神経質にふるわしていた。

「人間の正しさは、人間相互《そうご》の愛を保護して育てていくことにあるのです。法律も法律なるがゆえに正しいのではなく、それが人間と人間との関係を、愛に満《み》ちたものにすることができる限りにおいて、正しいのです。このことをけっしてお忘れになってはなりません。ことに、親子の愛は愛の中の愛であり、人間界のいっさいのよきものを生み出す大本《おおもと》なのです。それを法律の名によって、平気で蹂躙《じゅうりん》することを許すような国に、正しい道が行われていよう道理はありません」

孔子《こうし》の言葉は、一語より一語へと厳粛《げんしゅく》になっていった。

葉公《しょうこう》はその権威《けんい》にうたれて、うなだれてはいたが、まだ心を虚《むな》しゅうして教えを受ける気にはなってはいなかった。彼の青ざめた顔のどこかに、弱いながらも、いくらかの反抗心が閃《ひら》めいていた。それというのも、彼は、彼が今日《きょう》までとってきた厳罰《げんばつ》主義をやめたくなかったからである。うっかり孔子《こうし》の言葉に従って、厳罰主義をやめようものなら、さっそく租税《そぜい》の取り立てにも困るだろうと、彼は心配したのである。

さっきから、葉公《しょうこう》の人物に見切りをつけていた孔子は、それ以上彼の説得《せっとく》に努《つと》めるのもむだだと思った。

会見《かいけん》はすぐ終わった。孔子は彼がはいって来た時と同じような、わびしい姿をして、部屋を出た。むろん彼は、部屋を出ると同時に、一刻《いっこく》も早く葉《しょう》の国を去って、ふたたびさすらいの旅を始める決心をしていたのである。

---

1 葉公《しょうこう》孔子を子路《しろ》に問う。子路対《こた》えず。子《し》いわく、女奚《なんじなん》ぞいわざる、その人と為《な》りや、憤《いきどおり》を発《はっ》して食《しょく》を忘れ、楽しみて以《もっ》て憂《うれ》いを忘れ、老《おい》のまさに至《いた》らんとするを知らず、爾《しか》いうと。（述《じゅつ》而《じ》篇）

2 葉公《しょうこう》政《まつりごと》を問う。子《し》いわく、近き者は説《よろこ》び、遠き者は来《きた》ると。（子路《しろ》篇）

3 季康子《きこうし》政《まつりごと》を孔子に問う。孔子《こうし》対《こた》えていわく、政《せい》は正《せい》なり。子《し》帥《ひき》いるに正《せい》を以《もっ》てせば、孰《たれ》かあえて正《ただ》しからざらんと。（顔淵《がんえん》篇）

渡し場

長沮《ちょうそ》・桀溺《けつでき》耦《なら》びて耕《たがや》す。孔子《こうし》これを過《よ》ぎり、子路《しろ》をして津《しん》を問わしむ。長沮《ちょうそ》いわく、かの輿《よ》を執《と》る者は誰《たれ》と為《な》すと。子路《しろ》いわく、孔丘《こうきゅう》と為《な》すと。いわく、これ魯《ろ》の孔丘《こうきゅう》かと。いわく、これなりと。いわく、これならば津《しん》を知らんと。桀溺《けつでき》に問う。桀溺《けつでき》いわく、子《し》は誰《たれ》と為《な》すと。いわく、仲由《ちゅうゆう》と為《な》すと。いわく、これ魯《ろ》の孔丘《こうきゅう》の徒《と》かと。対《こた》えていわく、しかりと。いわく、滔滔《とうとう》たる者、天下皆《みな》これなり。しかるを誰《たれ》と以《とも》にかこれを易《か》えん。且《か》つ而《なんじ》その人を辟《さ》くるの士《し》に従わんより、あに世を辟《さ》くるの士《し》に従うに若《し》かんやと。耰《ゆう》して輟《や》まず。子路《しろ》行きて以《もっ》て告《つ》ぐ。夫子《ふうし》憮然《ぶぜん》としていわく、鳥獣《ちょうじゅう》とは与《とも》に群《ぐん》を同《おな》じくすべからず。吾《われ》この人の徒《と》と与《とも》にするにあらずして、誰《たれ》と与《とも》にかせん。天下道《みち》あらば、丘与《きゅうあずか》り易《か》えざるなりと。

——微子《びし》篇

春はまだ寒かった。傾《かたむ》きかけた日が、おりおりかげって、野《の》づらは明るくなったり、暗くなったりしていた。

葉公《しょうこう》に見切りをつけて、楚《そ》から蔡《さい》に引き返す孔子《こうし》の心は、いくぶん寂《さび》しかった。彼は車にゆられながら、目を閉じては、じっと考えに沈《しず》んだ。手綱《たづな》を執《と》っている子路《しろ》は、もう小半時《こはんとき》〔約一時間〕近くも黙りこくっている。ほかの弟子《でし》たちもずいぶん疲れたらしく、三、四町〔約三〇〇～四〇〇メートル〕もおくれて、黄色い土ぼこりの中を、とぼとぼ足を引きずっている。

「しばらく休むことにしたら、どうじゃ」

孔子は、思い出したように車の中から顔をつき出して、一行《いっこう》の様子《ようす》を眺《なが》めながら、子路《しろ》にいった。

「はあ――」

子路《しろ》は、生返事《なまへんじ》をした。そして車は相変《あいか》わらず、かたりことりと軋《きし》りつづけた。

「みんなもだいぶ疲れているようではないか」

と、孔子は軽く子路《しろ》をたしなめるような口調でいった。

「もうすぐ渡《わた》し場《ば》だと思います」

子路《しろ》はめんどうくさそうな顔をして、ぶっきらぼうに答えた。孔子もそれきり黙ってしまった。

それから十五、六分もたったころ、子路は急に自分でぴたりと車を止めた。孔子は、渡し場に着《つ》いたのかと思って、顔を出してみたが、そうではなかった。道が二つに分かれている。子路《しろ》は手綱《たづな》を握《にぎ》ったまま腕《うで》を組んで、じっと前方《ぜんぽう》を見つめている。

「どうしたのじゃ、……休むのか」

孔子《こうし》は半身《はんしん》を車から乗り出していった。

「渡し場に行く道はどっちだか、考えているところです」

孔子は微笑《びしょう》した。そして武骨《ぶこつ》な子路《しろ》の後《うし》ろ姿を黙って見ていた。しかし、子路《しろ》はいつまでたっても、木像《もくぞう》のように動かなかった。

「考えたら道がわかるかね」

孔子はふとそんな皮肉《ひにく》をいった。このごろ、子路《しろ》に対してだけは、おりおりこうした皮肉が、軽く彼の口を滑《すべ》るのである。

子路の顔には、しかし、いつものとおりの反応が現れなかった。彼はやはり前方をにらんだまま、反抗するように答えた。

「わかります、わかると思います」

孔子はもう微笑《びしょう》しなかった。彼は、子路が心になにか迷いをもっている時、いつも自分に無愛想《ぶあいそう》になる癖《くせ》をよく知っていた。

（子路は、渡し場に行く道のことだけを考えているのではない）

孔子《こうし》はそう思った。そして、子路《しろ》が何を迷っているかも、ほぼ見当がついた。

（子路《しろ》としては無理もない。彼は、寂《さび》しく旅をつづけるには、弟子《でし》たちの中でも一番不似合《ふにあ》いな男なのだ）

しかし、孔子は口に出してはなんともいわなかった。彼は、憐《あわれ》むような目をしばらく子路《しろ》の横顔に注《そそ》いでいたが、やがて目を転じて、道の付近を見回した。左手に墓地らしい小高い丘があって、すぐその手前に、二人の農夫《のうふ》がせっせと土をいじっている。道から一町〔約一〇〇メートル〕とは隔《へだ》たっていない。

彼は急ににこにこしながら子路《しろ》にいった。

「考えているより、たずねた方が早くはないかね。ほら、あそこに人がいる」

「はあ――」

子路《しろ》は、やっと孔子の方をふり向いた。彼は孔子に何をいわれたのか、はっきりしなかったかのように、きょとんとした顔をしている。

「すぐ行って、渡し場をたずねておいで。手綱《たづな》はわしが握っている」

「恐れ入ります」

子路《しろ》は、いかにも狼狽《うろた》えたように、何度も頭を下げた。そして、孔子の手に手綱《たづな》を渡すと、大急ぎで、二人の農夫のところに走り出した。その後《うし》ろ姿がなんとなくおかしかった。孔子はしかし笑わなかった。彼は、胸の底になにかしみじみとしたものを感じながら、子《し》路《ろ》から目を放さなかった。

「おうい」

と、子路は、まだ七、八間〔約一三～一四メートル〕も手前に突っ立って、大声で農夫を呼んだ。

農夫は、しかし、顔をあげなかった。子路《しろ》は仕方なしに、さらに二、三間《げん》〔約四～五メートル〕進んで声をかけた。しかし二人ともふり向いてみようともしない。

車の中からこの光景を見ていた孔子《こうし》は、ただの百姓《ひゃくしょう》ではないらしいと思った。そして子《し》路《ろ》の無作法《ぶさほう》な様子《ようす》が少し気《き》がかりになってきた。

（もし例の隠士《いんし》だと、子路は少し手こずるかもしれない）

彼はそう思った。が同時に、子路との間に取《と》り交《か》わされる問答《もんどう》を想像して、これはちょっとおもしろそうだ、とも思った。子路がどんな顔をして帰って来るのか、心配なような、待ち遠しいような気持になって、彼は相変《あいか》わらず子路の様子《ようす》を眺《なが》めていた。

子路の方では、農夫たちがまるで彼の声など耳にも入らぬようなふうなので、ひどく癪《しゃく》に障《さわ》っていた。彼は、それでも、仕方なしに二人のすぐそばまでやって来た。そしてどなりつけるような声でいった。

「おい、これほど呼んでいるのに聞こえないのか」

背のひょろ長い方の農夫が、顔をあげて、じろりと子路《しろ》を見た。そして変《へん》に嘲《あざけ》るような笑いをもらしたかと思うと、またすぐ下を向いてしまった。三、四寸〔約九〜一二センチメートル〕髯《ひげ》を垂《た》らした、五十格好《かっこう》の、どこかに気品《きひん》のある顔である。それは長沮《ちょうそ》という隠士《いんし》であった。

子路《しろ》は、この時はじめて、これはしまった、と思った。で、少し照《て》れながら、急にていねいにいった。

「いや、これは失礼。……実は渡し場に行く道がわからなかったものですから……」

すると、また長沮《ちょうそ》が顔をあげて子路《しろ》を見た。今度はあまり皮肉《ひにく》な顔はしていなかった。

しかし、返事をする代《か》わりに、道路の方を見やって、そこに孔子《こうし》の車を見つけると、もう

一度うさんくさそうに子路の顔を見た。

「渡し場の方に行きたいのですが……」

と、子路は少し小腰《こごし》をかがめながら、ふたたびたずねた。

「あれはだれですかい。あの車の上で手綱《たづな》をとっているのは」

子路は、自分の問いには答えないで、すましきって、そんなことをあべこべにたずね出した相手の横着《おうちゃく》さに、腹が立ったが、つとめてていねいに答えた。

「あれは孔丘《こうきゅう》という方《かた》です」

「孔丘《こうきゅう》というと、魯《ろ》の孔丘のことですかい」

「そうです」

「じゃあ、渡し場ぐらい知っていそうなものだ。年がら年中、方々《ほうぼう》うろついている男だもの」

そういって、長沮《ちょうそ》は、すぐ腰をこごめて鍬《くわ》を動かしはじめた。そして、それっきり子路《しろ》が何をいっても、唖《おし》のように黙ってしまった。

子路はあっけにとられた。

この間、もう一人の農夫——これは桀溺《けつでき》というずんぐりした男だった——は、あたりに何が起こっているのか、まるで知らないかのようなふうをして、耕《たがや》された土に、せっせと種を蒔《ま》いていた。子路は、長沮《ちょうそ》にくらべると、この方が少しは人が善《よ》さそうだと思った。で、その方に近づいて行って、もう一度渡し場に行く道をたずねた。

「なに、渡し場じゃと……」

桀溺《けつでき》は顔も上げないで答えた。

「ええ、渡し場に行くんですが、右に行ったものでしょうか、それとも左に……」

「右でも左でも、自分の好きな方に行くさ」

「どちらからでも同じでしょうか」

「同じじゃない」

桀溺《けつでき》は、そういってひょいと顔をあげた。赧《あか》ら顔で、目が小さくて、髯《ひげ》はちょっぴりしか生《は》えていない。長沮《ちょうそ》より年は三つ四つ下《した》らしい。

「同じじゃないよ」

彼はもう一度そういって、にっこり笑った。小さな目が肉に埋《う》もれてしまって、大きな皺《しわ》のように見える。

子路《しろ》は何が何やらわからなかった。彼は怒《おこ》ることも笑うこともできなかった。すると桀《けつ》溺《でき》は、急に笑いやめて、まじまじと子路《しろ》の顔を見ながらいった。

「お前さんはいったいだれだね」

「仲由《ちゅうゆう》という者です」

子路《しろ》は素直《すなお》に自分の名を告げた。

「仲由《ちゅうゆう》？　そしてなにかい、やっぱり魯《ろ》の孔丘《こうきゅう》の仲間だというわけかね」

「そうです、門人の一人です」

「ふふふ――」

桀溺《けつでき》はだしぬけに笑い出した。それは蒟蒻玉《こんにゃくだま》が振動《しんどう》して、その割れ目から湯気《ゆげ》を吹き出すような笑い方だった。

子路《しろ》は、孔子《こうし》の門人だと答えたのを笑われたので、さすがにきっとなった。しかし、相手は子路《しろ》の様子《ようす》など気にもとめていないかのように、そっぽを向きながらいった。

「孔丘《こうきゅう》のお仲間じゃ、渡し場がわからないのも無理はない。気の毒なことじゃ」

子路《しろ》はとうとうがまんしきれなくなって、腕《うで》まくりし出した。

「おっと仲由《ちゅうゆう》さんとやら、それがいけない。そう腕まくりをしてみたところで、物事はかたがつくものではない。それよりか、お前さんはいったい今の世の中をどう考えていなさる？」

子路《しろ》は、せっかくまくり上げた両腕を、だらりと下げて、目をぱちくりさせた。

「どこもここも、どろどろの沼みたいになっているのが、今の世の中じゃないかね。え、仲由《ちゅうゆう》さん」

「そうです。たしかにそうです、だから……」

「だから渡し場を探していると、おいいかね。そりゃもう、ようわかっとる。だが、どの渡し場も気に入らないのが、お前さんの先生ではないかね」

子路《しろ》は、相手が孔子を冷《ひ》やかしそうになったので、また両腕《りょううで》に力を入れた。しかし、彼は心の中で、相手のいうことになにかしら共鳴《きょうめい》を感じた。うまいことをいう男だな、と思った。そして、内々《ないない》自分が孔子に対して抱《いだ》いている不平を、この男の口をとおして聞いてみたいような衝動《しょうどう》に駆《か》られた。彼は力《りき》みながら相手の顔を見つめた。

「沼に船を浮かべてはみたいが、泥水《どろみず》のとばっちりをかぶるのはいやだ、というんじゃ、お前さんの先生も、少々虫がよすぎはしまいかね。今どき、どこをうろついたって、満足な渡し船なんか、見つかりゃしないよ。わかるかね、仲由《ちゅうゆう》さん。どうせ今の世の中が泥水《どろみず》の洪水《こうずい》みたいなものだとわかったら、なるたけ洪水の来ない山の手に避けているのが一等だよ。洪水だ、洪水だ、とわめきたてて、自分で泥水のそばまで行っちゃ、逃げ回っているなんて、そもそもおかしな話さ。だいいち、みっともないじゃないかね」

子路《しろ》は、半《なか》ば感心したような、半《なか》ば憤慨《ふんがい》したような、変な顔をして突っ立っていた。

「おや、そのお顔はどうなすったい。孔丘《こうきゅう》の仲間だけあって、お前さんも、よっぽど悟《さと》りの悪い人間らしいね。そう世の中に未練《みれん》があっては、話がしにくいが、しかし五十歩百歩ということもある。あの殿様《とのさま》もいやだ、この殿様《とのさま》もいやだというところを、ちょいと一つ飛び越して、この世の中全体に、見切りをつけてみる気にはなれないものかね。気楽《きらく》に高《たか》見《み》の見物《けんぶつ》ができて、そりゃいいものだぜ。わっはっはっ」

「しかし……」

と、子路《しろ》は非常に真剣な顔をして、何かいおうとした。だが、桀溺《けつでき》はもうその時には、その円《まる》い尻《しり》をくるりと子路の方に向けて、せっせと種を蒔《ま》いていた。そして、それっきり、子路がなんといおうと一言も返事をしなかった。

子路《しろ》は、なぜか、もう腹が立たなかった。彼は、これまでにも、なんどか隠士《いんし》に出会ったことがあったが、今日《きょう》ほど愚弄《ぐろう》されたことはなかった。肝心《かんじん》の渡し場は教えてもらえないし、おまけに孔子《こうし》も自分も、まるで台なしにくさされてしまったので、ふだんの彼なら、黙っては引き下がれないところであった。しかし、今日《きょう》の彼は、妙にしんみりとなってしまったのである。

隠士《いんし》たちの物を茶化《ちゃか》すような態度には、彼もさすがに好意が持てなかった。しかし、彼らがいかにも自由で、平安で、徹底《てってい》しているらしいのに、彼は強く心を打たれた。孔子の持たない、ある高いものを彼らは持っているのだ、とさえ彼には思えたのである。彼は黙って踵《きびす》を返した。

彼は歩《ほ》を移しながら孔子の車を見た。そしてその中にしょんぼりと坐《すわ》っている孔子を想像した時、彼の目がしらが急に熱くなった。彼は存分に孔子を詰《なじ》りたいような気持にさえなった。そしていっさんに車のところに走りつけた。

おくれていた門人たちは、すでに車の周囲に集まって、何かしきりに孔子と話していた。彼らは子路《しろ》が走って来るのを見ると、話をやめていっせいに子路の方に顔を向けた。子路は、しかし、彼らのだれの顔も見なかった。彼は乱暴に彼らを押しのけて、いきなり車の窓枠《まどわく》に両手をかけた。

孔子《こうし》は微笑《びしょう》しながら、

「どうしたのじゃ、えらく隙《ひま》どったではないか」

子路《しろ》は、しかし、口がきけなかった。彼はなんども拳《こぶし》で荒っぽく目をこすって、ただ息をはずませていた。

「隠士《いんし》らしかったね」

孔子は、子路《しろ》の心を落ちつかせるように、ゆったりといった。

「そうです。隠士でした。偉い隠士でした」

子路は爆発するような声でそういって、孔子の顔をまともに見た。

孔子の顔は静かで晴《は》れやかだった。それは子路がまったく予期しない顔だった。彼はもっとみじめな顔を車の中に見いだすはずだったのである。彼はあてがはずれたような気がした。

「ほう、それはよかった。そしてどんな話をしてきたかね」

孔子にそういわれて、子路はすっかり出鼻《でばな》を挫《くじ》かれてしまった。存分に自分の意見を交《まじ》えて、孔子の反省を求めるつもりでいたのだが、もうそれどころではなかった。やっと事実を報告するのが、彼には精いっぱいだった。

孔子は目を閉じ、門人たちは目を見張《みは》って、子路の話をきいた。ひととおり話がすむと、門人たちは、いい合わしたように顔を見合わせた。それから、いかにも不安そうな目つきをして、めいめいに、そっと孔子《こうし》の顔をのぞいた。孔子はやはり目をとじたまま、しばらく考えに沈んでいたようであったが、深い吐息《といき》を一つもらすと、子路《しろ》の方を向いていった。

「それで、渡し場に行く道は、どちらにするかね」

子路《しろ》はぎくりとした。荘厳《そうごん》な殿堂《でんどう》の中で、神聖《しんせい》な審問《しんもん》を受けているような気がして、棒《ぼう》のように突っ立った。

「わしは人間の歩く道を歩きたい。人間といっしょでないと、わしの気が落ちつかないのじゃ」

と、孔子は子路から他の門人たちに視線を転《てん》じながらいった。

「山野《さんや》に放吟《ほうぎん》し、鳥獣《ちょうじゅう》を友とするのも、なるほど一つの生き方であるかもしれない。しかし、わしにはまねのできないことじゃ。わしには、それが卑怯者《ひきょうもの》か、徹底《てってい》した利己主義者の進む道のように思えてならないのじゃ。わしはただ、あたりまえの人間の道を、あたりまえに歩いてみたい。つまり、人間同士で苦しむだけ苦しんでみたい、というのがわしの心からの願いじゃ。そこにわしの喜びもあれば、安心もある。子路の話では、隠士《いんし》たちは、こう濁《にご》った世の中には未練《みれん》がない、といっているそうじゃが、わしにいわせると、濁《にご》った世の中であればこそ、その中で苦しんでみたいのじゃ。正しい道が行われている世の中なら、今ごろわしも、こうあくせくと旅をつづけていはしまい」

門人たちは、静まりかえって、孔子《こうし》の言葉に耳を傾《かたむ》けた。子路《しろ》の目には、いつの間《ま》にか涙がいっぱいたまっていた。彼は、その目を幾度《いくたび》かしばたたいて、孔子の顔をまじまじとうちまもった。

暮《く》れ近い光の中に、人生の苦難を抱《だ》きしめて澄《す》みきっている聖者の姿を、彼は今こそはっきりと見ることができたのである。

「先生、私は先生に対してもったいないことを考えておりました」

子路は、顔をまともに孔子に向けたまま、ぽろぽろと涙をこぼした。

孔子は、それに答える代《か》わりに、車の窓から手綱《たづな》を子路に渡した。そしてみんなを顧《かえり》みながら、朗《ほが》らかにいった。

「子路の好きな方に行ってもらおう。まちがっていたら、もう一度引きかえすまでのことじゃ」

みんなが思わず笑い出した。子路も赤い目をしながら笑った。

ちょうどその時、二人の隠士は、鍬《くわ》を杖《つえ》にして、一心にこちらを眺《なが》めていた。子路には、それがあたかも二つの案山子《かかし》のように思えてならなかった。彼はうれしいような、寂《さび》しいような気分になって、孔子の車を動かしはじめた。
どこかで鴉《からす》が嘲《あざけ》るように鳴いた。

陳蔡《ちんさい》の野《の》

衛《えい》の霊公《れいこう》陣《じん》を孔子《こうし》に問う。孔子対《こた》えていわく、俎豆《そとう》の事はすなわちかつてこれを聞けり。軍旅《ぐんりょ》の事は未《いま》だこれを学ばざるなりと。明日《めいじつ》ついに行《さ》る。陳《ちん》に在《あ》りて糧《りょう》を絶《た》つ。従者病《や》みて能《よ》く興《た》つなし。子路《しろ》慍《いか》り、見《まみ》えていわく、君子《くんし》もまた窮《きゅう》するあるかと。子《し》いわく、君子固《もと》より窮《きゅう》す。小人《しょうじん》窮すればここに濫《らん》すと。

——衛霊公《えいれいこう》篇

子《し》いわく、賜《し》や、女予《なんじわれ》を以《もっ》て多く学びてこれを識《し》る者と為《な》すかと。対《こた》えていわく、しかり、非《ひ》なるかと。いわく、非《ひ》なり。予《われ》一以《もっ》てこれを貫《つらぬ》くと。

——衛霊公《えいれいこう》篇

孔子《こうし》は、さすらいの旅から、一度魯《ろ》に帰って、約二年の間、詩書礼楽《ししょれいがく》の研鑽《けんさん》と、門人《もんじん》の教化とに専念していたが、まだ、実際政治にまったく望みを絶《た》っているわけでは、けっしてなかった。で、哀公《あいこう》即位の年、彼は六十歳の老軀《ろうく》を提《ひっさ》げて、三たび衛《えい》をたずねた。それはちょうど彼の孫の汲《きゅう》——子思《しし》が生まれてまもないころのことであった。

しかし、衛《えい》の国は、彼が大道《たいどう》を行うには、あまりに乱れ過《す》ぎていた。霊公《れいこう》は、もう晩年に近かったが、自分の子の蒯聵《かいがい》のために、寵愛《ちょうあい》の夫人南子《なんし》を殺されて、気を取り乱していた。しかも、蒯聵《かいがい》は晋《しん》に逃《のが》れ、その援《たす》けを得て、霊公《れいこう》の位《くらい》をねらっているといううわさもあったので、父子《ふし》の間に、いつ醜《みにく》い戦争が始まるかわからない不安な空気が、国内に漂《ただよ》っていた。

霊公《れいこう》は、孔子《こうし》が自分の国に来たのを知ると、これまで彼をまじめに対手《あいて》にしなかったことなどまったく忘れて、すぐ彼を引見《いんけん》した。そして、まず第一に彼にたずねたのは、戦略に関することであった。しかし孔子は答えた。

「不肖《ふしょう》ながら、礼《れい》については、これまでいくらか聞いたこともございます。しかし、軍事に関しては、まだいっこうに学んだことがありませぬ」

孔子に軍事上の知識が全然なかったわけではなかった。しかし彼は、父子相争《あいあらそ》うあさましい戦いに、少しでも自分の力を貸すことを欲《ほっ》しなかったのである。

翌日、彼は急いで衛《えい》を去った。それから宋《そう》に行き、陳《ちん》に行き、蔡《さい》に行き、葉《しょう》に行き、また蔡《さい》に引き返した。そして彼の期待はすべて裏切られた。彼は道を行う代《か》わりに、いたるところで迫害《はくがい》と嘲笑《ちょうしょう》とをもって迎えられねばならなかったのである。ことに陳《ちん》と蔡《さい》との国境で、彼の一行《いっこう》がなめた苦痛は、彼の一生を通じてのもっとも大きな苦難の一つであった。

そのころ、陳《ちん》は呉《ご》の侵掠《しんりゃく》をうけて、援《たす》けを楚《そ》に求めていた。楚《そ》の昭王《しょうおう》は、陳《ちん》を援《たす》けるために兵を城父《じょうふ》に進めていたが、その時、孔子の一行が、陳《ちん》・蔡《さい》の国境にいることを知った。で、すぐ使いをやって彼を楚《そ》に聘《かか》えようとした。孔子《こうし》は、楚《そ》にはまだ一度も行ったことがなかったし、それに昭王《しょうおう》は相当の人物らしいという評判もあったので、すぐそれに応じて出発することにした。

これを聞いて驚いたのは、陳《ちん》と蔡《さい》との大夫《たいふ》たちであった。彼らは自分たちの国で孔子を重用しなかったが、それは彼の偉大さを知らないからではなかった。かえってそれを知っていたればこそ、けむたくて用うることができなかったのである。

彼らは考えた。

(孔子はなんといっても賢者《けんじゃ》だ。彼のいうことは、いつもみごとに諸侯《しょこう》の政治の弱点をついている。ことに、彼が陳《ちん》・蔡《さい》の間にうろつき出してから、もうずいぶんになるし、われわれのやり口は、なにもかも彼に見すかされているに相違《そうい》ない。もし楚《そ》のような大国《たいこく》が、彼をむかえてまじめに政治をやり出す段になると、陳《ちん》・蔡《さい》にとっては将来大きな脅威《きょうい》だ。われわれの地位だって、結局どうなるか知れたものではない)

そこで両国の大夫《たいふ》たちは、密《ひそ》かに謀《しめ》し合わせ、双方《そうほう》から一隊ずつの便衣隊《べんいたい》を出して、孔子の一行を包囲さした。孔子の一行に、むろんそれを打ち破るだけの武力があろうはずはなかった。門人たちの中には、いきり立つ者も二、三あったが、孔子はその無謀《むぼう》を戒《いまし》めて、静かに囲みの解《と》けるのを待つことにした。

囲みは、しかし、容易に解《と》けなかった。幸《さいわ》いにして、一行に危害《きがい》を加えるようなふうは少しもなかったが、ただ困ったのは、食糧の欠乏《けつぼう》であった。一日二日はどうなり事足《ことた》りた。三日四日も粥《かゆ》ぐらいはすすれた。しかし五日目になって、粟《あわ》一粒《つぶ》も残らないようになると、さすがに門人たちの多くは、飢《う》えと疲れとでへとへとになって、ぐったりと草っ原に寝そべってしまった。

孔子《こうし》自身も、むろん辛《つら》かった。しかし、彼は、顔にいくらかの衰えを見せながらも、自《じ》若《じゃく》として道を説《と》くことを忘れなかった。たまには、琴《こと》を弾《だん》じ、歌をうたうことさえあった。

元気者の子路《しろ》は、さすがに孔子の身近くにいて、万一を警戒《けいかい》していた。だが彼の心はけっして静かではなかった。彼は、こうした大事な場合に、孔子がまったく無策《むさく》でいるのが腹立たしかった。

(死に瀕《ひん》している人間を前にして道が何だ。音楽が何だ。そんなものは、行《い》き詰《づ》まったあ

げくの自己欺瞞《ぎまん》でしかないではないか)

彼はそんなことを考えて、うらめしそうに孔子の横顔をじろじろ見るのであった。

五日目の夜がしだいに更《ふ》けて、そろそろ夜明けも近くなって来た。初秋《しょしゅう》の空に、星は美しく輝いていたが、地上の草むらには、生死《せいし》の間を縫《ぬ》って、わずかに息づいている人間の黒いからだが、いくつとなく不体裁《ふていさい》にころがっていた。そして、その間から、うなされるような声さえおりおり聞こえて来た。

「先生!」

と、だしぬけに子路《しろ》のかすれた声が闇《やみ》に響《ひび》いた。

孔子《こうし》は、長いことなにか黙想《もくそう》にふけっていたが、さすがに疲れたらしく、ちょうど横になろうとするところであった。彼は子路の声を聞くと、横になるのをやめて、しずかにその方をふり向いた。すると、子路がいった。

「君子《くんし》にも行《い》き詰《づ》まるということがありましょうか」

「行《い》き詰《づ》まる?」

孔子はちょっと考えた。しかしおだやかに答えた。

「それはむろん君子にだってある。しかし君子は濫《みだ》れることがない。濫《みだ》れないところに、おのずからまた道があるのじゃ。これに反して、小人《しょうじん》が行《い》き詰《づ》まると必ず濫《みだ》れる。濫《みだ》れればもう道は絶対にない。それがほんとうの行《い》き詰《づ》まりじゃ」

その言葉が終わるか終わらないかに、二、三間〔約三・六〜五・四メートル〕離れたところにうずくまっていた黒い影が、むっくり起き上がって、少しよろめきながら、孔子のすぐ前までやって来た。子貢《しこう》である。彼は腰《こし》をおろすと、疲れた息をはずませながら、闇《やみ》をすかして孔子の顔を見つめた。

「おお、子貢《しこう》か」

孔子《こうし》はいかにも情《なさけ》ぶかく声をかけた。しかし子貢《しこう》は何ともいわなかった。彼は、無作法《ぶさほう》な口をきかないだけに、心の底ではかえって、子路《しろ》以上の不平に燃えていた。彼の顔には、皮肉《ひにく》なうす笑いさえ浮かんでいた。孔子は闇《やみ》をとおして、はっきりそれを感ずることができた。

「子貢《しこう》、わしはお前の期待にそむいたらしいね」

子貢はやはり黙っていた。ただ彼の息だけがますますはずむばかりであった。

「お前は、わしがいろいろの学問をして、あらゆる場合に処《しょ》する手段を知っていると思っているのだね」

「むろんです。そ……そうではありませんか」

子貢の声はふるえていた。

孔子は星空を仰《あお》いで、かすかにため息をもらしたが、すぐまた子貢を見て、ゆっくりと、しかし、どこかにきびしい調子をこめていった。

「そうではない。わしを貫《つらぬ》くものはただ一つじゃ。その一つにわしの全生命がかかっているのじゃ」

孔子は、しかし、そういい終わって非常に寂《さび》しかった。門人たちにすら理解されない道を抱《いだ》いて、野に飢《う》えている自分を、しみじみいとおしむ気にさえなった。同時に、理解しないままに、自分といっしょにこうして難儀《なんぎ》をしている門人たちが非常に哀《あわ》れに思われて、なんとかやさしい言葉の一つもかけてやりたくなった。

(しかし――)

と彼は考えた。
[1](自分は倦《う》んではならない。一時の感傷《かんしょう》にひたって、門人たちを甘やかしてはならない。彼らの中には苗《なえ》のままで花をつけないものもあろう。また、花をつけても実を結ばない者もあろう。だが自分は退《しりぞ》いてはならない。[2]なぜなら、自分は彼らを愛しているからだ。彼

らの忠実な友でありたいからだ。愛する以上は彼らに苦労をさせなくてはならない。忠実な友であるためには、倦《う》まずたゆまず彼らに誨《おし》えてやらなければならない。それが天の道を地に誠《まこと》にするゆえんだ。自分がここで一歩退いたら、天の道が一歩退くことになる。[3]道の実現は、たとえば山を築《きず》くようなもので、あと一簣《ひともっこ》というところで挫折《ざせつ》しても、それは全部の挫折《ざせつ》だ。また、でこぼこの地をならすようなもので、たとえ一簣《ひともっこ》の土でもそこにあけたら、それだけ仕事がはかどったことになる。道は永遠だ。一歩でも進むにこしたことはない、そして進むも退くもすべては苦難と妥協《だきょう》しないこの心一つだ）

彼はもうなんの疲労も感じない人のようであった。彼は威儀《いぎ》を正して子路《しろ》を顧《かえり》みながら、低い、しかし、はっきりした声でいった。

「詩に、兕《じ》に匪《あら》ず虎《とら》に匪ず、彼の曠野に率《したが》う、という句があるが覚えているかの」

「覚えています」

「その意味は？」

「人間は犀《さい》や虎《とら》のような野獣《やじゅう》ではありません。しかし人間の道を踏《ふ》みはずしたら、曠野にさまよう野獣も同じだ、という意味だと存じます」

「うむ。ところでわしの道をどう思う？　誤《あやま》っていはしまいかの。わしは、現にこうして、野獣のように曠野にさまようているのじゃが」

「先生の道が誤《あやま》っているかどうかは存じません。しかし、人が自分の言《げん》を信じてくれなければ、自分の仁《じん》がまだ完全でない、と思わなければなりますまい。また、人が自分の説《と》く道を行ってくれなければ、自分の知《ち》がまだ不十分だ、と思わなければなりますまい」

子路《しろ》の答えはきわめて無遠慮《ぶえんりょ》で、その声の調子にも、不平満々というところがあった。

孔子《こうし》は、しかし、しずかにいった。

「それはお前の思いちがいじゃ。もし仁者《じんしゃ》の言《げん》が必ず信ぜられるものなら、[4]伯夷《はくい》・叔斉《しゅくせい》が餓死《がし》することもなかったろうし、また、智者《ちしゃ》の説《と》くところが必ず行われるものなら、[5]王子《おうじ》比干《ひかん》が虐殺《ぎゃくさつ》されることもなかったろう」

子路《しろ》は、この三人の話が出ると、さすがに首をたれて黙りこんでしまった。すると孔子は今度は子貢《しこう》に向かっていった。

「詩に、『兕《じ》に匪《あら》ず虎《とら》に匪《あら》ず、彼の曠野に率《したが》う』とあるが、わしの道がいけないのかの。わしはまるで野獣のように、こうして曠野をうろついているのじゃが」

子貢《しこう》はしばらく考えてから答えた。

「先生の道は大きすぎます。大きすぎるから天下に容《い》れられないのです。もう少し程度をお下《さ》げになって、世間《せけん》に受けいれられるようにされてはいかがでしょう」

「世間に受けいれられるように？」

と、孔子《こうし》はちょっと眉《まゆ》をひそめたが、すぐもとに返って、

「子貢《しこう》、それはなるほど利口《りこう》な考えじゃ。しかし、すぐれた百姓は物を育てることはじょうずでも、儲《もう》けることはへたなものじゃ。また名人といわれるほどの大工《だいく》は、魂《たましい》をうちこんで仕事をやるが、それが他人の好みに合うかどうかは、請け合えないそうじゃ。君子《くんし》もそれと同じで、目前の利害のために、世間《せけん》に迎合《げいごう》してはなるまい。修《おさ》めなければならないのは道じゃ。道の本則《ほんそく》にもとらないように、いっさいの言動《げんどう》をしめくくることじゃ。お前の願いは、道を修《おさ》めることでなくて、世に容《い》れられることにあるようじゃが、それでは、あまりに利口《りこう》過ぎる。もっと志《こころざし》を遠大《えんだい》に持つがいい」

子貢《しこう》も黙りこんでしまった。孔子は子貢から目を放して、あたりを探すように見回していたが、

「顔回《がんかい》、――顔回はいないかの」

顔回《がんかい》はすぐ孔子《こうし》の後《うし》ろにいた。ふだん丈夫《じょうぶ》でない彼は、五日間の野宿《のじゅく》で、だれよりも弱っているはずであったが、態度はいつものとおりきちんとしていた。そろそろと白《しら》みかけた

空の光をうけて、彼の顔は、ほとんど死人のように青ざめて見えた。しかしその両眼には、涼《すず》しげな光が漂《ただよ》うていた。彼は孔子の声に応じて立ち上がると、子貢《しこう》のすぐそばまで歩いて来て、孔子に一揖《いちゆう》した。その姿は青蘆《せいろ》が風にそよいでいるように思われた。孔子は彼にじっと視線を注《そそ》ぎながらいった。

「詩に、『兕《じ》に非《あら》ず虎《とら》に非《あら》ず、彼の曠野に率《したが》う』とあるが、今のわしは野獣《やじゅう》と少しも択《えら》ぶところがない。どうじゃ、わしの道が誤《あやま》っているとは思わないかの」

「私の考えでは――」と、顔回《がんかい》は立ったままで答えはじめた。孔子は手を振《ふ》って、

「立ったままでは疲れる。ゆっくりすわって答えるがいい」

顔回《がんかい》は腰を下《お》ろした。しかもその姿勢《しせい》はあくまでも端然《たんぜん》としていた。彼は孔子の膝《ひざ》のあたりに視線をおとしながら、言葉をつづけた。

「先生の道は至大《しだい》であります。ですから天下の容《い》れるところとなりません。しかし、私は先生が推《お》してこれを行ってくださることを心からお祈りいたしております。たとい天下に容《い》れられなくとも、毫《ごう》も憂《うれ》うるところはありません。むしろ容《い》れられないからこそ、先生の君子《くんし》であられることが、はっきりするのです。元来《がんらい》、私どもは、ただただ道の修《おさ》まらないのを恥《は》じてさえおればいいのです。道のおおいに修《おさ》まった人があるのに、それが用いら

れないとすると、それは国を治《おさ》むる者の恥《はじ》でなければなりません。重《かさ》ねて申します。容《い》れられないのを憂《うれ》うる必要は断じてありません。かえって容《い》れられないところに、君子《くんし》の君子たる価値が発揮《はっき》されていくのです」

顔回《がんかい》の頬《ほお》は、ほのかに紅潮《こうちょう》していた。彼は、いい終わると、ふたたび立ち上がって孔子《こうし》に一揖《いちゆう》した。

孔子は、心からよろこばしそうに、満面《まんめん》に微笑《びしょう》をたたえて、いった。

「さすがは顔氏《がんし》の血をうけた子じゃ。お前に財産があったら、わしはお前の執事《しつじ》にでもしてもらうのじゃがな。はっ、はっ、はっ」

夜は明けはなれた。孔子は子貢《しこう》を手招《てまね》きしていった。

「子貢《しこう》、お前はすぐこれから城父《じょうふ》に行って、楚軍《そぐん》に救いを求めておいで」

子貢はおどろいて四方《しほう》を見渡した。包囲を脱《だっ》するには、もうあまりにも明るすぎると彼には思えたのである。孔子は、しかし、笑いながらいった。

「もう今日で六日目じゃ。包囲の人たちも、疲れたにちがいない。それに幸《さいわ》い夜も明けたし、今ごろは、安心して、ちょっと一眠《ひとねむ》りというところじゃと思うが」

孔子《こうし》の言葉どおり、包囲は隙《すき》だらけになっていた。で、子貢《しこう》はなんの苦もなく包囲を脱《だっ》して、楚軍《そぐん》と連絡をとることができたのである。

翌日、陳《ちん》・蔡《さい》の包囲は解《と》けた。そして孔子の一行《いっこう》は、手あつく楚軍《そぐん》にもてなされて、まもなく昭王《しょうおう》に見《まみ》えることになった。

1　子《し》いわく、苗《なえ》にして秀《ひい》でざる者あるかな。秀《ひい》でて実《みの》らざる者あるかなと。（子罕《しかん》篇）

2　子《し》いわく、これを愛して能《よ》く労《ろう》することなからんや。これに忠《ちゅう》にして能《よ》く誨《おし》うることなからんやと。（憲問《けんもん》篇）

3　子《し》いわく、たとえば山を為《つく》るが如《ごと》し。未《いま》だ一簣《いっき》を成《な》さずして止《や》むは吾《わ》が止《や》むなり。たとえば地を平《たい》らかにするが如《ごと》し。一簣《いっき》を覆《くつが》えすといえども、進むは吾《わ》が往《ゆ》くなりと。（子罕《しかん》篇）

4　伯夷《はくい》・叔斉《しゅくせい》は、孤竹国君《こちくこっくん》の二子で、周《しゅう》の武王《ぶおう》が殷《いん》の紂王《ちゅうおう》を伐《う》とうとした時に、これを諫《いさ》めて用いられず、周《しゅう》の粟《ぞく》を食《は》むのを潔《いさぎよ》しとせずして首陽山《しゅようざん》にかくれ、蕨《わらび》を採《と》って食《く》っていたが、ついに餓死《がし》したと伝えられる仁者《じんしゃ》である。

5　王子比干《ひかん》は、殷《いん》の紂王の叔父《おじ》で、紂の暴虐《ぼうぎゃく》を諫《いさ》めて三日も動かなかったために、ついに紂王のために虐殺《ぎゃくさつ》されたと伝えられる知者《ちしゃ》である。

この物語のだいたいの筋《すじ》は、孔子《こうし》の伝記のなかでももっとも古いといわれている司馬遷《しばせん》の『孔子世家《こうしせいか》』に依《よ》った。『論語』のなかには「兕に匪ず虎に匪ず」以下の問答《もんどう》はまったく見いだせない。

病《や》める孔子《こうし》と子路《しろ》

子疾病《やまいへい》なり。子路《しろ》禱《いの》らんことを請《こ》う。子《し》いわく、これありやと。子路《しろ》対《こた》えていわく、これあり。誄《るい》にいわく、爾《なんじ》を上下《しょうか》の神祇《しんぎ》に禱《いの》ると。子《し》いわく、丘《きゅう》の禱《いの》るや久《ひさ》しと。

――述而《じゅつじ》篇

さすがに元気な子路《しろ》も、今日《きょう》はぐったりと椅子《いす》によりかかって、物思いに沈んでいた。孔子《こうし》が病床《とこ》について以来、彼はほとんど付きっきりで、夜の目も寝ずに看護《かんご》してきた。もうそろそろひと月にもなろうというのに、病勢《びょうせい》はただつのる一方である。ことに、この二、三日はめっきり衰弱が目に立ってきた。昨夜の容態《ようだい》など、どうもただごとではなかったようだ。

(もしや……)

と思うと、子路《しろ》はもう呆然《ぼうぜん》として、なにもかも手につかなくなってしまうのである。

彼は、次の間《ま》に退《しりぞ》くと、しばらく気《き》ぬけがしたように、ぼんやりと天井《てんじょう》の隅《すみ》を見つめていた。病室からは、おりおり門人たちのかすかな囁《ささや》きが聞こえる。彼は気が遠くなって、なんだか自分が死んででもいくような気がし出した。

（どこまでも先生のお供がしたい）

彼は、その時しみじみとそう思った。そして、彼[1]がかつて孔子《こうし》に、死の問題についてたずねた時、孔子が、

「生《せい》の真相《しんそう》がはっきりつかめないうちに、死の真相がわかるものではない」

と答えたことを思い起こした。

（死とはなんぞ、そんなことはわからなくてもいい。ただ死後に世界があって、いつまでも先生のおそばについていることができさえすれば、それでいいのだ）

彼はそんなことを思いつづけた。そして明日《あす》にも孔子といっしょに、遠い未知の世界に旅立てるような気になって、寂《さび》しい喜びにひたった。

しかし、それはほんの瞬間であった。彼は急に愕然《がくぜん》として立ち上がった。

（なんだ、おれは先生の死を願っていたのか）

彼は汚《きた》ないものでも払《はら》いのけるように、自分の胸を両手でかき回した。それから、立っ

たまま、じっと病室の方に耳をすました。

病室は静まり返っている。彼は、今まで掛《か》けていた椅子《いす》のまわりを、音がしないように歩き回りながら、自分で自分の意気地《いくじ》なさを叱《しか》った。

(もう一度先生を元気にしないでおくものか)

いつもの気性《きしょう》が、急に彼の体じゅうによみがえった。彼は、しだいに自分の足音の高くなるのも忘れて、あれかこれかと、今後の看護《かんご》の方法を考えた。しかし、いくら考えても、これまで以上のいい方法は見つからなかった。

(人の力ではどうにもならない!)

そう思うと、彼はふたたび、自分の胸の奥が、雪だるまが溶《と》けるようにしぼむのを覚えた。

彼は、ため息をつきながら、椅子に腰《こし》を下《お》ろした。そして、なんでもいいから、しがみついてみたいような気になった。自分で自分をいくら叱《しか》ってみても、もう追っつかなかった。叱《しか》る気力《きりょく》さえしだいになくなってしまったのである。

(この上は鬼神《きしん》に祷《いの》るよりほかはない)

そう思った彼の心は悲痛《ひつう》であった。彼はこれまで、堅確《けんかく》に人間の道を履《ふ》み行うべきことを、つねに孔子に教えられてきた。いつぞや彼が死の問題をたずねると同時に、鬼神《きしん》に仕《つか》える道をたずねた時にも、孔子は、ただ専念に人に仕えよ。人に仕える道がわからないでは、鬼神《きしん》に仕える道はわからない、と教えた。それ以来、彼はその教えをよく守って、どんなに苦しい時でも、自分の努力を外にして、鬼神の力を頼みにしたことはなかった。彼はそれを思うと、今さら鬼神に禱《いの》るのがいかにも残念だった。

（なんという自分の無力さだろう）

そう思って彼は歯がみをした。

しかし、彼は、それが自分自身の命乞《いのちご》いのためでないという点で、いくらか慰《なぐさ》めるところがあった。また、もし幸《さいわ》いにして、孔子《こうし》の命がそれで助かるものなら、求道者としての自分の恥辱《ちじょく》など、もうどうでもいい、かりにそのために孔子に破門《はもん》されても、自分は少しも悔《く》いないであろう、とさえ思った。

こうした複雑な感情を抱いて、彼はもう一度室内を歩きまわった。そして、いよいよそれを実行することに決心すると、彼はだれにも知らさないで、そっと門外に出た。

数時間がたった。

他の門人たちは、看護に一番熱心な子路《しろ》が、行く先も告げないで姿をくらましたことを不思議《ふしぎ》にも思い、心配もした。しかし彼らは、子路《しろ》が一冊の本を小わきにはさんで、あわただしく病室に飛びこんで来たのを見た時には、いっそうびっくりした。

「先生、お願いがあります」

子路は孔子の枕元《まくらもと》に近づくと、息をはずませていった。

「なんじゃな」

孔子《こうし》は、今まで閉《と》じていた目をかすかに見開いた。

「お禱《いの》り致したいのです。先生のご病気ご平癒《へいゆ》のお禱《いの》りが致したいのです」

「だしぬけに何をいうのじゃ。先王《せんのう》の道には、そのようなお禱《いの》りはないはずじゃ」

「あります。あります。現に先生がご編纂《へんさん》になりました周礼《しゅうらい》の中にもそれがあります。誄《るい》の言葉です。『爾《なんじ》を天地の神祇《しんぎ》に禱《いの》る』とあります」

子路《しろ》は、彼の持っていた本を急いでめくって、孔子に示した。

孔子は微笑《びしょう》した。しかし、そのまま静かに目をとじてなんとも答えなかった。

「先生！」

と、子路《しろ》は少しせきこんでいった。

「実は先生のお叱《しか》りをうけるのを承知で、こっそり私だけでお禱《いの》りをする決心をしていたのです。ところがお禱《いの》りの方法がわかりませんので、先刻《せんこく》からちょっとお暇《ひま》をいただいて、それを調べておりますうちに、今の言葉が見つかったのです。古《いにしえ》の道にもそれがあります以上、なにも先生に秘密でお禱《いの》りする必要もないかと存じまして、あらためてお願いに出たのです。先生、どうかお禱《いの》りをさせてください。先生のために、われわれ門人のために、そして世界中の人たちのために」

孔子は大きく目を見開いた。その日は病人の目とは思われないほど強い力に輝いていた。彼は子路《しろ》の顔をしばらくじっと見つめた。そしていった。

「わしは、お前に禱《いの》ってもらわなくとも、わし自身で禱《いの》っているのじゃ」

「ご自身で？」

と、子路《しろ》は驚いて孔子《こうし》の顔に自分の顔を近づけた。ほかの門人たちも怪訝《けげん》な顔をして孔子の目をのぞきこんだ。

「そうじゃ、もう何十年もつづけざまに禱《いの》っているのじゃ」

「何十年も？」

「わからぬかな、わしがこれまで禱《いの》りつづけて来たのが？」

門人たちは顔を見合わせるだけだった。孔子は嘆息《たんそく》するように深い息をして目を閉じた。

しばらく沈黙がつづいたあと、孔子は目をとじたままさらにたずねた。

「禱《いの》るというのは、そもそも何をすることじゃな」

「それは神々に自分の願いを……」

孔子は子路《しろ》のことばをさえぎるように、ふたたび大きく目を見開いた。

「願い？　ふむ、その願いというのは？」

「………」

子路は、自分の考えどおりの答えをするのに躊躇《ちゅうちょ》した。それは、孔子の言葉の奥になにかしら深いものがあるのを、やっと彼も気がつき出したからであった。

孔子《こうし》はいった。

「その願いというのは、私情《しじょう》、私欲《しよく》から出たものであってはならないはずじゃ。むしろ私情私欲に打ち克《か》って天地神明《てんちしんめい》の心にかなおうとする願い、そうした志純《しじゅん》な願いに生きることこそ、まことの禱《いの》りというものじゃ。そうではないかな」

子路《しろ》は石像《せきぞう》のようにうなだれて立っていた。

「念のためにいっておくが、わしはけっして天地《てんち》の神々を否定もしていなければ軽《かろ》んじてもいない。神々を崇《あが》めていればこそ、その御心《みこころ》にかなうために、今日《きょう》までたゆまず身を修《おさ》めてきたのじゃ。禱《いの》りに禱《いの》りぬいたのが私の一生であったと思ってくれ。お前のその本に書いてある誄《るい》の言葉も、そのような意味に解《かい》してこそ、深い味わいが出るものじゃ」

「先生、まことに申し訳《わけ》ありません。私のあさはかな心から、かえって先生にご心配をおかけしまして……」

「いやいや、なにも学問じゃ。ことにお前がわしのことを思うてくれる心は、身にしみて嬉《うれ》しい。そうした心も道といえば、一つの道じゃ。いや、これこそ道の種《たね》というものじゃ。だが、わしの肉体を生かすために、わしの大切な精神を殺さないようにしてくれ。わしは永遠に生きたいのじゃ。万古《ばんこ》に通ずる先王の道を伝えることによって、永遠に生きたいのじゃ」

孔子《こうし》はそういって、遠い過去と、遠い将来とを、同時に見つめるような、深い目つきをした。子路《しろ》と、ほかの門人たちは、今までに経験したことのない、ある荘厳《そうごん》なものに打たれて、目を閉じてひざまずいた。

「おお、みんなも今こそほんとうに禱《いの》る心になっているようじゃな。わしのために禱《いの》りたければ、今のその清《きよ》らかな心になることじゃ。……さあ、つかれたようじゃ、少し眠《ねむ》ろう。みんなも一休《ひとやす》みしてくれ」

孔子の病気は、不思議《ふしぎ》にその翌日から少しずつ快方《かいほう》に向かった。そして、何年かの後、子路《しろ》が衛《えい》の内乱で勇《いさ》ましい戦死を遂《と》げた時には、孔子は七十歳の老齢《ろうれい》で、かえって子路《しろ》のために涙を流す身とならなければならなかったのである。

1　季路《きろ》鬼神《きしん》に事《つか》うることを問う。子《し》いわく、未《いま》だ人に事《つか》うること能《あた》わず、いずくんぞ能《よ》く鬼《き》に事《つか》えんと。いわく、あえて死を問うと。いわく、未《いま》だ生を知らず。いずくんぞ死を知らんと。（先進篇《せんしんへん》）

一以《いつも》って貫《つらぬ》く

子《し》いわく、参《しん》や、吾《わ》が道一以《いつも》ってこれを貫《つらぬ》くと。曾子《そうし》いわく、唯《い》と。子《し》出《い》ず。門人《もんじん》問いていわく、何の謂《いい》ぞやと。曾子《そうし》いわく、夫子《ふうし》の道は、忠恕《ちゅうじょ》のみと。

——里仁《りじん》篇

「先生もずいぶん年をとられたな」

「もうそろそろ七十じゃないかね」

「そろそろじゃない、たしかにことしは七十のはずだ」

「奥様がお亡《な》くなりになったのは、一昨年だったかな」

「そうだ」

「じゃ、たしかに七十だ。さすがにこの一、二年はめっきりお弱りのようだね」

「なんといっても七十ではね。しかし、お心はますます澄《す》んでいくようじゃないか」

「実際だ。このごろ先生の前に出ると、なんだか水晶の宮殿《すいしょうきゅうでん》にでもいるようで、自分の体まで透《す》きとおるような気になるね」
「透《す》きとおるならいいが、自分だけが汚《きた》ない石っころみたいに見えやしないかね」
「失敬《しっけい》なことをいうな」
「ぼくはこのごろ先生の前に出ると、妙《みょう》にしっとりとした気分になるね」
「そりゃどういう気分だい」
「どういう気分って、別にそれ以上説明のしようがないんだが、とにかくしみじみと嬉《うれ》しくなるね」

孔子の門人中で、まだ二十歳台の元気者ばかりが、十人ほども集まって、しきりに雑談をやっている。子游《しゆう》最年長で二十五歳、子輿《しよ》と子柳《しりゅう》が同年で二十四歳、それ以下のところでは、子張《しちょう》、子賤《しせん》、子魯《しろ》、子循《しじゅん》といったような連中がまじっている。このうち、年のわりに重きをなしているのは、子輿《しよ》である。彼は、本名を曾参《そうしん》といって、一見魯鈍《ろどん》ではあるが、反省力の強い青年で、門人中で孔子にもっとも嘱目《しょくもく》されている一人である。彼より三つ年上の有若《ゆうじゃく》や、二つ年上の子夏《しか》がいると、彼とちょうどいい相手なのだが、今日《きょう》はこの席に見えない。

雑談はなおつづく。

「それはそうと、先生はこのごろ黙ってばかりいて、あまり教えてくださらないじゃないか」

「そうでもないだろう。ずいぶん叱《しか》られている連中もあるぜ。ぼくもその部類だが」

「君は特別さ」

「ばかをいうな。君だって、いつもちくちくやられているじゃないか」

「おいおい、けんかはよせ。……しかし実際だな、先生があまり口をきかれなくなったのは」

「そうかな。ぼくはそんなふうには思わないが」

「いや、たしかに以前にくらべると沈黙家《ちんもくか》におなりのようだ」

「このごろ急にっていうわけでもあるまい。だいたい必要以外には、あまりものを言われない方《かた》なんだ」

「それにつけて、ついこないだおもしろいことがあったぜ」

「おもしろいこと？　先生についてかい」

「うむ、やはり、君らのように、先生の無口を不平に思っている連中だろうと思うが、五、六人揃《そろ》って、先生に抗議を持ちこんだそうだ」

「それはおもしろい。どんな抗議だい」

「先生は人によってはばかていねいに教えて下さるが、自分たちにはちっとも教えてくださらない、といったんだそうだ」

「ずいぶん失礼なことをいったもんだね」

「失礼なもんか、ぼくらも同感だよ」

「同感でない人もあるぜ」

「まあ先を聞こう。それで先生どういわれたんだい」

「そりゃ、きまっているさ」

「いやに聡明《そうめい》ぶるね。君、その答えを予期していたとでもいうのかい」

「いや予期してはいなかった。予期していたら、いっしょに抗議に行くはずがないじゃないか」

「なあんだ、君もいっしょか。それで、きまっている、もないじゃないか」

「実はぎゃふんと参《まい》ったところなんだ」

「いったいどうなんだ。そのお答えというのは」

「そりゃ先生の平常を知っていさえすれば、なんでもないことなんだ」

「おいおい、まだもったいぶるのか。いい加減《かげん》にせい」

「もったいぶるんじゃない。実は、君らもぼくと同様、先生をほんとうには理解していないことがわかって、ちょっと安心したところなんだ」

「ばかにするな」

「そう怒《おこ》るな。これから話すよ。……しかし曾君《そうくん》なら、話さなくても、だいたい想像がつきはしないかね」

みんなが曾参《そうしん》を見た。しかし曾参《そうしん》は笑って答えなかった。彼はまず年長者の子游《しゆう》を見、それからみんなの顔を一巡《ひとめぐり》見まわして、軽く頭を下げた。

「曾君《そうくん》にもわからないとすると、いよいよぼくも安心していいわけだ。そこでその先生のお答えというのはこうなんだ。——全体[2]、君らはわしになにか秘伝でもあると思っているのか。わしの進む道には秘伝はない。わしは四六時中《しろくじちゅう》の生活に道を現していきたいと思っている。君らがわしに学ぼうとするなら、わしの生活を見ればいい。言葉は道ではない。わしが口で言わないからといって、なにも君らに隠してはいないのじゃ。孔丘《こうきゅう》という人間は、そんな人間だと思ってくれ。——どうだ、ぎゃふんと参《まい》るじゃないか」

みんなは黙って考えこんだ。曾参《そうしん》は相変《あいか》わらず微笑《びしょう》していた。

「それで君らはどうしたい」

と、しばらくして、また一人がいい出した。

「みんなきまり悪くなって、黙って立っていたさ」

「それっきり先生はなにもいわれなかったのかい」

「いやいわれた。おそろしく沈痛《ちんつう》な口調でね。……今はっきりいわれたとおりには覚えていないが、なんでもこんな意味だった。――言葉[3]というものは、それ自身では無力なものだ。受け身で学問をしている人に、千万言を費《ついや》して教えても、なんの役にも立つものではない。だからわしは、君らが求めに求めて憤《いきどお》りを発するほどに熱してこない限り、君らの蒙《もう》を啓《ひら》いてやる気にはなれない。

　君らは、自分でわかってもいないくせに、とかく気の利《き》いた言葉だけを求めたがるが、わしは、君らがひととおり道理を会得《えとく》した上で、それを表現しようとして苦しんでいるのを見なければ、的確《てきかく》な言葉を与えたくないのじゃ。むろんわしは君らに道理の一隅《ひとすみ》だけを示してやりたい。君らはその一隅を手がかりに、他の三隅《みすみ》を自分で発見すべきじゃ。もしそれができなければ、わしはもう君らにそれ以上教えようとは思わない。――と、まあだいたいこんなふうだった」

「なるほどね。それで先生のお心持もおおよそわかる」

「すると叱言《こごと》でもいわれる方は、まだいい方《ほう》かもしれないね、黙っていられるよりか」

「叱言《こごと》も叱言《こごと》ぶりさ」

「それはむろんそうだ。……ところで、抗議団はそれっきりで引きさがったのかい」

「引きさがるより仕方がないじゃないか」

「それは意気地《いくじ》がなかったね。ぼくだったら、もっということがあったんだ」

「へえ、それは偉《えら》い。一つそれを聞こうじゃないか」

みんなが膝《ひざ》を乗り出した。曾参《そうしん》も目をかがやかして、その方を見た。

「なるほど、先生が実行をもってわれわれを導《みちび》いて下さるご精神は、よくわかる。また、ある人には諄々《じゅんじゅん》と説《と》かれ、ある人にはあまりものをいわれない理由も、ほぼ見当《けんとう》がつく。しかし先生が、同じ質問に対して、人によって返事をちがえられるのは、どういうわけだか、ぼくには理解できないんだ」

「そりゃ当たりまえじゃないか。尋《たず》ねる人の頭の程度がちがっているんだから」

緊張《きんちょう》しかけたみんなの気分が、すぐゆるんだ。曾参《そうしん》もすぐに微笑《びしょう》をとり戻《もど》していた。

「頭の程度でお答えがちがうぐらいのことは、ぼくだってわかっている。しかし、先生はどうかすると、まるで矛盾《むじゅん》したことをいわれるんだからね」

「たとえば、どんな事だい」

「ある人が、道理がわかったら、すぐ実行に移したものかどうかとたずねると、いけない、一応《いちおう》親兄弟に相談してからにせよ、といわれるそうだ。ところが、他の場合に他の人が同じことをたずねると、むろん即座《そくざ》に実行するのだ、ときっぱり答えられたということだ」

「だれだね。それをたずねた本人は」

「はっきりしないが、なんでも、子路《しろ》さんとか、冉有《ぜんゆう》さんとかいう、先輩組《せんぱいぐみ》らしい。公西《こうせい》華君《かくん》がその事を聞きこんで、一度先生にその矛盾《むじゅん》を突っこんでみるとかいっていたが、ぼくも折《おり》があったらたずねてみたいと思っている」

「それも、やはり子路《しろ》さんや、冉有《ぜんゆう》さんの人柄《ひとがら》しだいで、返事をされたんではないかね」

「あるいはそうかもしれない。しかし人柄《ひとがら》によるのも程度問題だよ。根本《こんぽん》がぐらついたんでは、まったくわれわれの拠《よ》りどころがなくなるわけだからね。元来《がんらい》われわれが先生の門にはいって学問をしているのも、不動の原理をつかむためじゃないか。その不動の原理が、親兄弟の意見で左右されてもいいとなると、それは不動の原理でもなんでもないわけだ。われわれはそんな心細いものを求めているんではない。時処《ときところ》を問わず、何人《なんぴと》にも通ずる普《ふ》遍《へん》の真理がほしいんだ」

「賛成、賛成」

と数名の者が思わず叫《さけ》んだ。そしてその中の一人が、みんなの顔色をうかがいながらいった。

「そういうと、われわれはこれまで末梢的《まっしょうてき》な事ばかり教わってきたんではないかね」

「末梢的《まっしょうてき》は少しひどい」

「しかし、道徳の技巧《ぎこう》に関することが非常に多いようじゃないか」

「技巧もいいが、少しばらばらなようだね」

「ばらばらかなんだか知らないが、個人的であることは確《たし》かだ」

「曾君《そうくん》、君黙《だま》っているが、どう思う」

曾参《そうしん》は、さっきから心配そうな顔をして、みんなのいうことを聞いていた。彼は自分の仲間の、あまりにもあさはかな態度に、一人で心を痛《いた》めていた。で、問われるままに、自分の考えを述べてみようかとも思った。しかし彼は、孔子《こうし》がこの話を聞いて、彼らをどうあしらっていくのか、その点の見当《けんとう》がつきかねた。今すぐ自分の考えを述べて、表面だけの解決をつけるのはなんでもないことだが、それではほんとうの解決にはならないだろう。

あるいはかえって孔子の教育方針をぶち壊《こわ》すことになってしまうかもしれない。

孔子はさっきからの話にもあるとおり、言葉の先だけでの解決には満足されない方《かた》だ。それに自分としては、あらゆる機会を最高度に生かしていかれる孔子の態度が、この場合どんな形になって現われるか、それが見たくもある。——そう思って彼はそれとなく答えた。

「今に先生がお見えになるだろう。たいせつなことだから、じきじき先生に伺ってみることにしようじゃないか」

「むろん先生にも伺《うかが》うさ。しかし、君に意見があるなら、一応《いちおう》聞いておきたいものだね」

それはなんだか皮肉《ひにく》な口ぶりだった。曾参《そうしん》は、しかし、あっさりと、

「いや、ぼくにはむろんはっきりした意見はないんだ」

みんなは、それからも同じような事を、とめどもなくしゃべった。いつまでたっても要点にはふれなかった。そして、ともすると、孔子の権威《けんい》を傷《きず》つけるような言葉が、平気で述べられた。曾参《そうしん》は、これではならぬと思った。やむなくば、自分の考えを述べて、ひとまずけりをつけようかとも考えた。

しかし、孔子《こうし》がとうとうやって来た。

「えらいにぎやかなようじゃのう」

孔子はそういって、礼儀正しく彼を迎《むか》えているみんなの前を通って、正面の席についた。そこで子游《しゆう》が年長のゆえをもって、挨拶《あいさつ》を述べ、かつ、今日《きょう》のみんなの話題を遠慮《えんりょ》がちに話した。

孔子は、水のようにすんだ目をして、それを聞いていたが、子游《しゆう》が自分の席につくと、頭数《あたまかず》を数えるように、みんなの顔を見回した。それから、あらためて曾参《そうしん》の顔を見て、静かな、しかし力のこもった声でいった。

「曾参《そうしん》、わしの道はただ一つのもので貫《つらぬ》いているのじゃ」

曾参《そうしん》はうやうやしく頭を下げた。そして確信あるもののごとく答えた。

「さようでございます」

すると孔子は、すっと立ち上がった。そしてあっけにとられているみんなを残して、そのまましずしずと、部屋を出てしまった。

孔子の足音が消えると、みんな狐《きつね》につままれたように、きょとんとして顔を見合わせた。だれもしばらくはなんともいう者がなかった。その間に曾参《そうしん》は、みんなにおじぎをして部屋を出ようとした。それに気づくと、みんなは急に思い出したように方々《ほうぼう》から彼を呼びとめた。

曾参《そうしん》は立ち止まって彼らを見た。

「今のはいったいなんのことだい」と、一人がたずねた。

「ただ一つのものっていっただけじゃ、まるで見当《けんとう》がつかないね」と、他の一人がいった。

「曾君《そうくん》はいかにもわかったような返事をしていたが、ほんとうに自信があったのかい」

と、また他の一人が突っかかるようにいった。

みんなは、いつの間《ま》にか曾参《そうしん》をとりかこんでいた。そしておそろしく緊張《きんちょう》した顔をして、彼の返事を待った。

曾参《そうしん》は彼らを見回しながら、静かに答えた。

「先生の道は、誠《まこと》を尽くして人の心を推《お》しはかってやること以外にはないのだ」

みんなはまだ解《げ》せないような顔をしていた。曾参《そうしん》はつづけていった。

「君らはさっきから、先生の教えが末梢的《まっしょうてき》だの、道徳の技巧《ぎこう》に過《す》ぎないの、ばらばらだの、個人的だのと、勝手なことをいっているが、よく考えたら、すべてが今いった一つの原理の具体的な発展だということがわかるだろう。先生は原理を抽象的《ちゅうしょうてき》にはけっして説《と》かれない。いつも現実当面の事物に即《そく》して、われわれを導《みちび》かれるのだ。だから、見ようでは、個人的とも、ばらばらとも見えるだろう。

しかし、ぼくの経験では、先生の片言隻句《へんげんせっく》といえども、いまだかつて原理に根ざさないものはない。ぼくはこのごろそのことに気がついて、日に日に驚きを増すばかりだ。考えれば考えるほど、いっさいの教えが、実にぴったりと一つのものにまとまっている。日常の礼儀作法《れいぎさほう》から、救世済民《きゅうせいさいみん》といったような大きなことまで、寸分《すんぶん》の隙《すき》もないのだ」

みんなは、どうなりうなずいた。曾参《そうしん》は、しかし、まだ不安そうな顔をして、特に念を押すように力をこめていった。

「だが、それは先生が頭で組織立《そしきだ》てられたものではないのだ。頭だけがどんなに緻密《ちみつ》でも、すべてがあんなにぴったりとまとまるものではない。先生にとっては、原理は理屈ではなくて、衷心《ちゅうしん》の願望《がんぼう》なんだ。体験に体験を重《かさ》ねて得られた、いわば生命の傾向なんだ。もうそれなしには先生は一刻も生きられない。むろん楽しみもない。だからなんの作為《さくい》もなしに、いっさいの言動《げんどう》が節《せつ》に当たり、玲瓏《れいろう》として全一の姿にまとまるのだ」

ここまでいって、曾参《そうしん》ははっとした。彼は、いつの間《ま》にか、自分が演説口調で同輩《どうはい》に説教をしているのに気づいたのである。彼は急に口をつぐんで、顔を赧《あか》らめた。そして逃げるように部屋を出て行ってしまった。

みんなは、またあっけにとられて、彼のあとを見送った。彼らがわかったようなわからないような顔をして解散したのは、それからしばらくたってからのことであった。

---

1 柴《さい》や愚《ぐ》、参《しん》や魯《ろ》、師《し》や辟《へき》、由《ゆう》や喭《がん》。（先進篇《せんしんへん》）

曾子《そうし》いわく、吾《われ》日に吾身《わがみ》を三省《さんせい》す。（学而篇《がくじへん》）

2 子《し》いわく、二三子《にさんし》我《われ》を以《もっ》て隠《かく》せりとなすか。吾爾《われなんじ》に隠すなし。吾《われ》行うとして二三子《にさんし》に与《しめ》さざる者なし。これ丘《きゅう》なりと。（述而篇《じゅつじへん》）

3 子《し》いわく、憤《ふん》せずんば啓《けい》せず。悱《ひ》せずんば発《はっ》せず。一隅《いちぐう》を挙《あ》げて三隅《さんぐう》を以《もっ》て反《はん》せずんば、すなわち、復《ふたた》びせざるなりと。（述而篇《じゅつじへん》）

4 子路《しろ》問う、聞《き》くままにこれこれを行わんかと。子《し》いわく、父兄在《ふけいいま》すあり、これをいかんぞそれ聞くままにこれこれを行わんやと。冉有《ぜんゆう》問う、聞くままにこれこれを行わんかと。子いわく、聞くままにこれこれを行えと。公西華《こうせいか》いわく、由《ゆう》や問う、聞くままにこれこれを行わんかと。子《し》いわく、父兄在《ふけいいま》すありと。求《きゅう》や問う、聞くままにこれこれを行なわんかと。子《し》いわく、聞くままにこれこれを行えと。赤《せき》や惑《まど》う、あえて問うと。子《し》いわく、求《きゅう》や退《しりぞ》く、故《ゆえ》にこれを進む。由《ゆう》や人を兼《か》ぬ、故《ゆえ》に退くと。（先進篇《せんしんへん》）

行蔵《こうぞう》の弁《べん》

子《し》、漆雕開《しっちょうかい》をして仕《つか》えしめんとす。対《こた》えていわく、吾《われ》これをこれ未《いま》だ信ずる能《あた》わずと。子説《よろこ》ぶ。

——公冶長《こうやちょう》篇

季氏《きし》、閔子騫《びんしけん》をして費《ひ》の宰《さい》たらしめんとす。閔子騫《びんしけん》いわく、善《よ》く我《わ》がために辞《じ》せよ。如《も》し我《われ》を復《ふたた》びする者あらば、すなわち吾《われ》必ず汶《ぶん》の上《ほとり》に在《あ》らんと。

——雍也《ようや》篇

子貢《しこう》いわく、ここに美玉《びぎょく》あり。匵《とく》に韞《おさ》めてこれを蔵《ぞう》せんか。善賈《ぜんこ》を求めてこれを沽《う》らんかと。子《し》いわく、これを沽《う》らんかな、これを沽《う》らんかな。我《われ》は賈《こ》を待つ者なりと。

——子罕《しかん》篇

子顔淵《しがんえん》にいいていわく、これを用うるときはすなわち行い、これを舎《す》つるときはすなわち蔵《ぞう》す。惟我《ただわれ》と爾《なんじ》と是《こ》れあるかなと。子路《しろ》曰く、子《し》三軍を行《や》らば、即《すなわ》ち誰《たれ》と与《とも》にせんかと。子曰《しいわ》く、暴虎馮河《ぼうこひょうか》し、死して悔《く》ゆることなき者は、吾与《われとも》にせざるなり。必ずや事《こと》に臨《のぞ》みて懼《おそ》れ、謀《はかりごと》を好みて成《な》さん者なりと。

——述而《じゅつじ》篇

子曰く、道《みち》行われず。桴《いかだ》に乗りて海に浮かばん。我《われ》に従う者は其《そ》れ由《ゆう》なるかと。子《し》路《ろ》之《これ》を聞きて喜ぶ。子曰く、由《ゆう》や勇《ゆう》を好《この》むこと我《われ》に過《す》ぎたり。取り材《はか》る所なしと。

――公冶長《こうやちょう》篇

その日は、ふとしたことから、仕官《しかん》のことが話題に上《のぼ》って、非常ににぎやかだった。座《ざ》には顔淵《がんえん》、子路《しろ》、子貢《しこう》、閔子騫《びんしけん》など高弟《こうてい》のほかに、このごろ蔡《さい》からやって来た漆雕開《しっちょうかい》が顔を出していた。

孔子《こうし》は長いこと黙って、みんなのいうことに耳を傾《かたむ》けていたが、急に思い出したように、漆雕開《しっちょうかい》にいった。

「それはそうと、こないだの話はどうじゃ。よく考えてみたかの」

「はい、十分考えてはみました。しかし――」

と、漆雕開《しっちょうかい》は少し顔を赧《あか》らめて、みんなの顔を見ながら、

「どうもまだ仕官などする自信が、私にはありません。自分を治《おさ》める力がなくて、人を治《おさ》めるのが、なんとなく恐ろしいのです。お言葉にそむいて申しわけありませんが、今回は、どなたか他に適当な方《かた》を、ご推挙《すいきょ》お願いいたしたいと存じます」

孔子はいかにも嬉《うれ》しそうな顔をして、大きくうなずいた。すると子路《しろ》が、あわれむように漆雕開《しっちょうかい》を見ながら、口を出した。

「そう遠慮《えんりょ》ばかりしていたんでは、いつまでたったって、自分の力を試《ため》す機会なんか、やってきやしない。万事は当《あ》たって砕《くだ》けろだ。実地《じっち》について苦労しているうちに、おのずと自信もついて来るんだから」

「そうばかりもいくまい――」

と、今度は子貢《しこう》が口を出した。

「やはり、ある程度《ていど》の自信がないと、最初から失敗しないとも限らないからね。仕官の第一歩に、人民の信《しん》を失うことは、なんといっても恐ろしいことだ」

「しかし漆雕開《しっちょうかい》君は、それほど初心《うぶ》でもないだろう。ぼくなんか年《とし》がいもなく、いつもあべこべに啓発《けいはつ》されているくらいだからね」

子貢《しこう》は、子路《しろ》の言葉を、変《へん》に皮肉《ひにく》に聞いたらしかった。彼は少し顔をゆがめながら、

「ぼくのいうのは一般論だ。漆雕開《しっちょうかい》君がどうのこうの、といっているわけではない」

「一般論だろうがなんだろうが、この際、本人の勇気を挫《くじ》くようなことはいわない方がいい。……どうでしょう、先生、ぼくは漆雕開《しっちょうかい》君だけの力量《りきりょう》があれば、あのくらいの役目

は大丈夫《だいじょうぶ》つとまると思いますが」

「それは心配あるまい。しかし、問題は別じゃ。——」

と、孔子《こうし》は子路《しろ》と子貢《しこう》とを見比べながら、

「わしは漆雕開《しっちょうかい》の慎重《しんちょう》な思慮《しりょ》と、反省と、謙譲《けんじょう》の徳と、それから高遠《こうえん》な志《こころざし》とを、この場合生かしてやりたいと思うのじゃ。そうした心境《しんきょう》を生かすためには、仕官などもう問題ではない。元来《がんらい》、今の人は仕官を急ぎすぎる。早く仕官したからといって、それが偉《えら》いのではない。[1]三年間学問に精進《しょうじん》して、なお俸禄《ほうろく》を求めない人があったら、その人こそ、真《しん》に得やすくない人間じゃ」

漆雕開《しっちょうかい》はいかにも感激したらしく、目を輝かして孔子《こうし》を見た。しかし、孔子の視線にぶっつかると、彼はすぐまた自分の膝《ひざ》に視線を落としてしまった。

「ときに——」

と、孔子は今度は閔子騫《びんしけん》の方に目をやりながら、

「閔子騫《びんしけん》にも、このごろ大夫《たいふ》の季氏《きし》からなんとかいってきはしなかったかの」

「はい、せんだって突然使《つか》いが参《まい》りまして、費邑《ひゆう》の代官をやらないかという話でございました」

「うむ、それで？」

「はっきりご辞退申しておきました。なにぶん、季氏《きし》はこのごろ専横《せんおう》で、魯《ろ》の国をわが物顔に振《ふ》る舞《ま》っておられますし、それに、費邑《ひゆう》は季氏《きし》の私領《しりょう》でございますので……」

「[2]いや、このごろの季氏《きし》の専横《せんおう》は、まったく言語道断《ごんごどうだん》じゃ。侯国《こうこく》の臣下《しんか》でありながら、自分の家廟《かびょう》で、天子《てんし》の舞《まい》である八佾《はちいつ》の舞《まい》を舞《ま》わせるような、僭上沙汰《せんじょうざた》までやっていると聞くが、もしこれをも忍《しの》ぶとしたら、天下に忍《しの》びがたいものはないわけじゃ。お前が辞退したのも無理はない。いや、辞退するのが当然じゃ。しかし、断《こと》わるのには骨が折れたろう。いったいどういって断わったのか？」

「別にくわしく理由は申しませんでした。しかし、使いの人がずいぶんしつこく申しますので、二度とこんな交渉《こうしょう》を受けるようだったら、私は蔡《さい》の国に去って汶水《ぶんすい》（川の名）のほとりに隠遁《いんとん》するつもりだ、と少し手きびしく申しておきました」

ふだん口数の少ない、しかも温厚篤実《おんこうとくじつ》をもって聞こえた閔子騫《びんしけん》の言葉にしては、それは思いきった言葉であった。孔子《こうし》もちょっと驚いた。喜んだのは子路《しろ》である。

「痛快《つうかい》だなあ。――しかし、閔子騫《びんしけん》君がそんなことのいえる人だとは知らなかった」

するとは孔子は、それを聞きとがめるように、きっとなっていった。

「それは閔子騫《びんしけん》にしてはじめていえる言葉じゃ」

子路《しろ》は怪訝《けげん》な顔をした。孔子は言葉をつづけた。

「君子《くんし》の強さは腕力《わんりょく》や弁舌《べんぜつ》にはない。いざという時に、なんの不安もなく正義を守りうる力、そこに君子《くんし》のほんとうの強さがあるのじゃ。閔子騫《びんしけん》にはその強さがある。いつかもいったとおり、君子は物事を判断したり、自分の進退《しんたい》を決《けっ》したりする場合に、いつも正義を標準にするが、小人《しょうじん》はこれに反して利害を標準にする。利害を標準にしたのでは、真《しん》の強さは出てこない。したがって閔子騫《びんしけん》のような思いきったことは容易にいえないものじゃ」

しばらく沈黙がつづいた。子路と閔子騫《びんしけん》とは、それぞれにちがった意味で、きまり悪そうに首を垂《た》れていた。

この時、子貢《しこう》がだしぬけにたずねた。

「なるほど、漆雕開《しっちょうかい》君や閔子騫《びんしけん》君の場合は、それでいいと思います。ところで、ここに天下に唯一《ゆいいつ》という美しい玉があるとします。先生は、その玉を永久に匣《はこ》の中に蔵《しま》っておかれるおつもりですか、それとも、善《よ》い買い手を求めてお売りになるおつもりですか」

孔子《こうし》は、彼自身に仕官の意志があるかどうかを、子貢《しこう》が例の巧妙《こうみょう》な譬喩《ひゆ》を使って探っているということを、すぐ悟《さと》った。で、彼は笑いながら答えた。

「沽《う》りたいとも、沽《う》りたいとも。しかし、めったな人には沽《う》りたくないものじゃ。まあ目《め》利《き》きの買い手がつくまで、当分待つとするかな。ははは」

みんなも声を立てて笑った。孔子は、しかし、すぐまじめな顔になって、これまで一言も発しないで坐《すわ》っている顔淵《がんえん》の方を見ながらいった。

「君子《くんし》の理想は、用いられればその位置において堂々《どうどう》と道を行い、用いられなければ、退《しりぞ》いて静かにひとり道を楽しむ、というところになくてはならない。ところで、そのどちらにも自信があるのは、まず今のところわしと顔淵《がんえん》だけかな」

顔淵《がんえん》は、ちょっと意外な顔をしてなにかいおうとした。しかし、もうその時には、子路《しろ》がいかにも迫《せ》きこんだ調子で、口を出していた。

「先生、しかし万一、一国の軍隊を帥《ひき》いて敵国を攻《せ》めるというような場合がありましたら、先生はいったいだれといっしょに仕事をなさるおつもりですか」

子路《しろ》は、心の中では、かなり憤慨《ふんがい》していた。が、同時に彼は、自分の望みどおりの答えが、孔子《こうし》の口から聞けるものだと確信して、強《し》いて自分を落ちつけていた。

孔子は、しかし、子路《しろ》の気持ちなど、まるで気にもとめていないかのようなふうであった。彼は、少し笑いを含《ふく》みながら、だれにいうともなくいった。

「世の中には、素手《すで》のままで虎《とら》と取っ組んだり、筏《いかだ》なしで大河《たいが》を渡ったりして、死ぬことをなんとも思わない、勇《いさ》ましい人間もいるが、わしは元来《がんらい》、そんな人間とは道連《みちづ》れをするのも恐ろしい方《ほう》じゃ。で、万一戦争でもやるとしたら、わしの参謀《さんぼう》には、用心深くて、知恵があって、周到《しゅうとう》な計画のもとに、確信をもって仕事をやり遂《と》げていく人が欲《ほ》しい、と思っている」

子路《しろ》は、虎《とら》を搏《う》ちそこねて、崖《がけ》から真《ま》っ逆《さか》さまに落ちていくような気がした。顔淵《がんえん》と閔《びん》子騫《しけん》とは少し伏《ふ》し目《め》になって、自分たちの前の床《ゆか》を見つめた。子貢《しこう》の才気走《さいきばし》った目は、孔子と子路《しろ》との間を何度も往復《おうふく》した。漆雕開《しっちょうかい》はただもじもじと両手を膝《ひざ》の上でもんでいた。

するとまた孔子《こうし》がいった。

「まあ、しかし、わしが三軍を指揮《しき》するようなことはおそらくあるまい。それよりか、わしは、いっそ[4]筏にでも乗って海に浮かびたいと思っているのじゃ。どうせ道を行う望みのない世の中に、ぐずぐずしているのもつまらないのでな」

みんなは驚いて孔子の顔を見た。孔子はにこにこしながら、

「さて、いよいよ海に浮かぶとして、わしについて来る者は、まず子路《しろ》だろうかな」

子路《しろ》は目を輝やかして次の言葉を待った。

「子路《しろ》、どうじゃ。漂々《ひょうひょう》として二人で海に浮かぶのもおもしろいではないか。わしもお前ほどの勇者《ゆうしゃ》についていてもらえば、安心というものじゃ」

孔子はそういって子路《しろ》をまともに見た。子路は感激で全身が蒸発しそうになるのを、やっと引きしめていた。

孔子はつづけていった。

「しかし、子路、筏《いかだ》に乗るにも、まず安心のできる筏《いかだ》の用意がたいせつじゃ。筏《いかだ》がなくて海に浮かぶことばかり考えても始まらんのでな。ところで、お前は、勇気を愛する点では、たしかにわし以上だが、どうじゃ、いい筏《いかだ》の準備がうまくできそうかの」

子路《しろ》はふたたびがくりと首を垂《た》れた。

「いや、しかし、こんな話はよしにしよう。ほんとうに海に浮かぼうというのではないからな。……子貢《しこう》も安心してくれ。やはり、いい買い手がついたら、身売りをしたいのが、わしの本心じゃ。ははは」

今度は子貢《しこう》が顔をまっかにした。顔淵《がんえん》と、閔子騫《びんしけん》と、漆雕開《しっちょうかい》の顔には、かすかな微笑《びしょう》が浮かんだが、それは一秒とたたないうちに消えてしまった。

孔子はまもなく座《ざ》を立ったが、それまで、みんなは厳粛《げんしゅく》な沈黙をつづけて、めいめいに何事かを考えつづけていた。

1 子《し》いわく、三年学《まな》びて穀《こく》に至《いた》らざるは、得易《えやす》からざるなりと。（泰伯《たいはく》篇）

2 孔子《こうし》季氏《きし》をいう。八佾《はちいつ》庭に舞《ま》わす。これをしも忍《しの》ぶべくんば、いずれをか忍《しの》ぶべからざらんやと。（八佾《はちいつ》篇）

3 子いわく、君子《くんし》は義《ぎ》に喩《さと》り、小人《しょうじん》は利《り》に喩《さと》ると。（里仁《りじん》篇）

4 「桴《いかだ》に乗りて海に浮かぶ」云々《うんぬん》の一節は、原文では、孔子《こうし》が子路《しろ》を他の人に向かって批評したことになっているが、この物語では、それを両人直接の対話として取り扱ってみた。

永遠に流るるもの

子《し》、川の上《ほとり》に在《あ》りていわく、
逝《ゆ》く者はかくの如《ごと》きかな。昼夜《ちゅうや》を舎《お》かずと。

——子罕《しかん》篇

偉大《いだい》な沈黙を守って、夕陽《ゆうひ》はそろそろと草原の果《は》てに沈み始めた。水の流れはゆるやかに、鈍《に》びた紅《くれない》を底深く溶《と》かしこんで、刻一刻と遠い狭霧《さぎり》の中に巻《ま》き収《おさ》められていく。孔子《こうし》は、今日《きょう》もただ一人の童子《どうじ》を供《とも》につれて、広々とした河原《かわら》にたたずんでいる。夕暮れの天地《てんち》の中に、その姿は、寒々《さむざむ》として厳《おごそ》かである。

七十余年の間、努《つと》めに努《つと》め、磨《みが》きに磨《みが》き来《きた》った彼の生涯は、思えば孤独《こどく》への一路《いちろ》であった。長い漂泊《ひょうはく》の旅にもかかわらず、彼はついに大道《たいどう》に布《し》くべき一人の名君《めいくん》をも見いださなかった。五十年の労苦をともにした夫人上官氏《じょうかんし》にも先立《さきだ》たれた。一人息子の伯魚《はくぎょ》の死をさえ、彼は見送らねばならなかった。そしてなによりも傷《いた》ましいことは、三千の門人中、わが道を伝うべき唯一《ゆいいつ》の人として、彼が絶大の希望をかけてきた顔回《がんかい》が、夭《わか》くしてこの世を去ったことである。夫人の死や息子の死に堪《た》え得た彼も、顔回《がんかい》の死にあっては、ほとんど絶望に近い衝撃《しょうげき》をうけて、

「[1]わしは天に見放されたのだ、天に見放されたのだ！」

と、我知《われし》らず叫んだ。そして柩《ひつぎ》の前に立った時、彼はついにたまりかねて、声を放って泣きじゃくった。その平常とあまりにちがった取り乱しように、供《とも》をして来た門人《もんじん》も驚いて、帰りがけにいった。

「[2]今日《きょう》は先生も声をあげてお泣きになりましたね」

孔子《こうし》の心の動揺《どうよう》は、まだ完全に治《おさ》まっていなかった。彼は答えた。

「そうか、そんなにわしは泣いたのか。だが、顔回《がんかい》のために泣かないで、だれのために泣けというのじゃ」

日がたっても、彼の悲しみは容易に薄《うす》らがなかった。声を放ったり、涙を流したりすることは、もう二度となかったが、その代《か》わりに、「永遠の孤独《こどく》」が彼の胸の中に冷《つめ》たく翼《つばさ》を休めた。「沈黙」が彼のもっともよき伴侶《はんりょ》となった。そして入り日と水の流れとが、日ごとに彼を河原《かわら》に引きつけた。

彼は今日《きょう》も河原《かわら》に立って、考えるのであった。

(自分はもう余命《よめい》いくばくもない。自分は自分の一生を顧《かえり》みて、けっしてなまけたとは思わない。分秒《ふんびょう》のたゆみもなく、身を修《おさ》め、古聖《こせい》の道にいそしんできた。自分の体得《たいとく》した道は、努《つと》めてこれを諸侯《しょこう》に説《と》き、かつ三千の子弟《してい》に伝えた。また詩《し》・書《しょ》・春秋《しゅんじゅう》を整理し、礼《れい》楽《がく》を正し、易《えき》を究明《きゅうめい》して、それらの文献《ぶんけん》を万世《ばんせい》に伝える準備もほぼ完成した。

しかし、自分はこれで死んでいいのか。顔回《がんかい》亡きあとに、真《しん》に身をもって道に奉《ほう》じ、玲《れい》瓏《ろう》として仁《じん》に生きる者が、今どこにいるのだ。道は言葉ではない。真理は概念《がいねん》ではない。自分の後世《こうせい》に求めているのは、言説《げんせつ》でなくて実行なのだ。もし自分がこのまま死んだら、自分はいったい、一生を通じて何をしてきたというのだ。自分はまだ死ねない。断《だん》じて死ねない。ただ一人の真の後継者《こうけいしゃ》を得るまでは)

しかし、彼の目の前には、水が刻々《こくこく》に流れて返らなかった。遙《はる》かの野《の》の果《は》てには、真紅《しんく》の太陽が秒を刻《きざ》んで沈んでいった。彼はひしひしと、自分の生命の終焉《しゅうえん》が近づいてくるのを、感ぜずにはおられなかった。

(顔回《がんかい》よ、顔回よ)

底知《そこし》れぬ寂《さび》しい声が、石像《せきぞう》にも似た彼の体の中に、木枯《こが》らしのように噎《むせ》び泣いた。「永遠の孤独」は、その瞬間、彼を「無限の虚無《きょむ》」に突き落とそうとするかのようにさえ思われた。

彼の心の脚《あし》は、しかし、その瞬間にもけっしてよろめかなかった。七十年の苦闘《くとう》によってかち得た彼の魂《たましい》の自由さは、湖の底のように、彼の悲痛《ひつう》の感情をそのままに、がっちりと支《ささ》えていた。

「天行健《てんこうけん》なり」

彼はしずかに易《えき》の一句を口ずさんだ。

水は滾々《こんこん》として流れている。流れの行《ゆ》く末《すえ》をのみ見つめていた彼は、今や、目を転《てん》じてはるかに流れの源《みなもと》を見やった。そして考えた。

(生命の泉《いずみ》は無尽蔵《むじんぞう》である。顔回《がんかい》は死んだ。自分もやがて死ぬであろう。しかし、天の意志はやむ時がない。古聖《こせい》の道は永遠に亡《ほろ》びないであろう)

太陽はその余光《よこう》を一ひらの雲に残して、草原に沈んだ。河原《かわら》は暗くなった。しかし孔子の胸には、すでにその時、明日の朝日が燦々《さんさん》と輝き出していた。彼は童子《どうじ》を促《うなが》して歩《ほ》を移しながらいった。

「おお水が流れる、流れる。夜となく昼となく水があのように流れていく。あの水のように、天の意志は息《やす》む時なく、永遠に流れていくであろう」

1　顔淵《がんえん》死す。子《し》いわく、噫《ああ》、天予《てんわれ》を喪《ほろぼ》せり、天予《てんわれ》を喪《ほろぼ》せりと。（先進《せんしん》篇）

2　顔淵《がんえん》死す。子《し》これを哭《こく》して慟《どう》す。従者《じゅうしゃ》いわく、子慟《しどう》せりと。いわく、慟《どう》することありしか。かの人のために慟《どう》するにあらずして誰《たれ》のためにかせんと。（先進《せんしん》篇）

泰山《たいざん》に立ちて

子《し》いわく、吾《われ》十有五《じゅうゆうご》にして学《がく》に志《こころざ》す。三十にして立《た》つ。四十にして惑《まど》わず。五十にして天命《てんめい》を知る。六十にして耳順《みみしたが》う。七十にして心の欲《ほっ》する所に従えども矩《のり》を踰《こ》えずと。

——為政《いせい》篇

孔子《こうし》は、泰山《たいざん》の頂《いただき》に立って、ふり注《そそ》ぐ光の中に、黙然《もくねん》として遠くを見つめている。彼を取りまいている門人《もんじん》たちも、石のように無言《むごん》である。

空は翡翠《ひすい》のように透《す》きとおって、果《は》てしもなく蒼《あお》い。蒼《あお》い空のもとに、静かに、しかしその底に無限の悩みをたたえて、中国がその運命的な息を呼吸している。天と地との境《さかい》はわからない。中国の呼吸が、蒼空《あおぞら》の裾《すそ》をわずかに溶《と》かして、地上の悩みをかくそうとしているかのようである。

「泰山《たいざん》に登るのも、これが最後じゃ」

孔子は、しばらくして、門人《もんじん》たちを顧みていった。

門人たちに道を説《と》くことのほかに、中国において孔子《こうし》にゆるされている、ただ一つの仕事は、古典の究明《きゅうめい》である。政治の実際に当たって舵《かじ》をとるには、彼の知恵は、諸侯《しょこう》の心とあまりに隔《へだ》たりがあり過《す》ぎた。そして、彼自身でも、彼の中国に対する最後の、そして最上の贈物が、倦《う》むことなき古典の究明《きゅうめい》であることを、もはや知り過《す》ぎるほど知っているのである。

泰山《たいざん》は、中国にとっても、彼自身にとっても聖《せい》なる山である。彼は、このごろ、この聖なる山に登りたい衝動《しょうどう》に、強くかられていた。それは、書斎《しょさい》における彼の労作に倦《う》んだからではない。むしろ、古聖《こせい》の道の究明《きゅうめい》は、彼自身泰山《たいざん》の頂《いただき》に立つことによって、真の完成が見られると信じたからである。今日《きょう》彼は、やっとその願いを果《は》たした。彼の目は、耳は、そして心は、無限の過去と、永遠の将来との間に、今や寂然《じゃくねん》として澄《す》んでいるのである。

「これが最後じゃが、実はこれがはじめてでもあるのじゃ」

孔子は、独《ひと》り言《ごと》のようにそういって、もう一度、遠くに目をすえた。

門人たちは顔を見合わした。孔子は、これまでにも、いくたびとなく泰山《たいざん》に登っている。七十歳をこしたこの一、二年こそ、まったく書斎《しょさい》の人になりきっているが、以前は、旅の行き帰りにも、いくたびかこの山に登ったものである。「はじめてだ」という意味が、門人たちには少しもわからない。

孔子は、しかし、門人たちの気持にはなんの関心も持たないかのように、二、三歩、歩《ほ》を移した。そして、あたりの樹《き》や石を一つ一つ、念入りに眺《なが》め出した。門人たちは黙ってそのうしろ姿を見ていた。

「泰山《たいざん》の心は深い。わしは今日《きょう》はじめて、泰山《たいざん》のふところに入ることができたのじゃ」

電気のようなものが、ぴりりと門人たちの胸に伝わった。彼らはふたたび顔を見合わせた。しかし、だれも一語も発しない。

（不死《ふし》のたましい）

そう、彼らの目は囁《ささや》き交《か》わしたかのようであった。

「もう思い残すことはない。後は、ただほんのわずかだけ、書斎《しょさい》に仕事が残っているきりじゃ」

門人《もんじん》たちは、三たび顔を見合わせた。彼らは、孔子《こうし》の姿が、泰山《たいざん》の頂《いただき》から、そのまま天に消えるのではないか、という気さえした。そして、いい合わせたように、立ち上がって孔子に近づいた。

しかし、孔子はもうその時には、彼らの方に向き直って、いつもの微笑《びしょう》をもらしていた。その微笑の中には、無限の憂《うれ》いと無限の悦《よろこ》びとが、渾然《こんぜん》として溶《と》け合っている。それは、人生の苦悩をとおして、極《きわ》まりなく魂《たましい》を磨《みが》いた者のみがもつ微笑である。この微笑に接する時、門人たちは、「聖人孔子」と同時に、「人間孔子」を見、「われらの孔子」を見ることができるのである。

彼らの気分が急に軽くなった。同時に口も軽くなった。

「先生、お疲《つか》れは出ませんか」

「あの険《けわ》しい坂を登る時の、先生のお足の軽いのには驚きました」

「山登りだけは先生に負けないつもりでいましたが、今日《きょう》のご様子では、どうやら、その自信もあやしくなりそうです」

「先生が百年の齢《よわい》をお保ちになることも、けっしてわれわれの希望だけではないことがわかって、たまらなく愉快《ゆかい》です」

そうした言葉が、つぎつぎに若い門人たちの口をついて出た。孔子《こうし》は、孫たちとでも話すように、それらに軽くうけ答えをしていたが、ふと、なにか思案《しあん》するように、ちょっと目を閉じた。そして、一人でしきりにうなずいていたが、

「まあ、そこいらにお掛《か》け。今日《きょう》はみんなに話すことがある」

そういって、彼はすぐそばの平《ひら》たい石に腰《こし》をおろし、両手で杖《つえ》をまっすぐに自分の前に立てた。

門人たちも、すぐ木の根や、石や、草の上に腰をおろしたが、だれの目も、異様《いよう》に輝いて孔子を見つめていた。

孔子《こうし》は、ひとわたりみんなを見回してから、ゆっくりと口をきった。

「今日《きょう》は、わしの一生の物語がしてみたい。——物語といっても、ふつうの物語とはちがって、いわば心の物語じゃ。つまり、わしの心が泰山《たいざん》の心としっくり触《ふ》れ合うまでに、どんな坂を登って来たか、それをみんなに話してみたいのじゃ」

彼は、ここまでいって、ちょっと寂《さび》しそうな顔をした。それは、門人たちの中に、彼のもっとも愛していた顔回《がんかい》と子路《しろ》との顔を見いだすことができなかったからである。顔回《がんかい》は病気で、子路《しろ》は衛《えい》の内乱で斃《たお》れて、もうこの世にいない。二人が生きているうちに、こんな場所で、こんな話ができていたら、と思うと、いまさらのように二人が惜《お》しまれてならない。

すぐれた門人で、この席につらなっているのは、子貢《しこう》ただ一人である。彼の最近の進《しん》境《きょう》には、なるほど目覚《めざ》ましいものがある。しかし、亡《な》くなった二人、とりわけ顔回《がんかい》に比べると、まだなんといっても山の絶頂《ぜっちょう》と中腹《ちゅうふく》とのちがいである。これから自分の話そうとすることを、真《しん》に彼が理解してくれるか、頭では理解しても、実践《じっせん》への糧《かて》として、胸と腹とで味わってくれるか、疑問といえば疑問である。ましてそのほかの門人たちでは、……そう思うと、なんとなく張り合いがない。

孔子はしかし、彼の話をよしてしまう気にはなれなかった。

（誠《まこと》をもって語られた言葉は、いつかは生きる。それは、泰山《たいざん》の頂《いただき》に落ちた雨滴が、地にしみて、ついには海に注《そそ》ぐように）

そう思って、彼はふたたび口を開いた。

「わしがはじめて学問に志《こころざ》した時には、わしはもう十五歳になっていた」

門人たちは怪訝《けげん》な顔をした。それは、一般に、士大夫《したいふ》の子弟《してい》は十三歳で詩を学び、音楽を習うことになっている。しかるに孔子《こうし》が、幼時いかに貧しかったとはいえ、十五歳になるまで、なんの教養もうけなかったとはどうも受け取りかねる話だったからである。

「なるほど、それまでにも、師《し》についてなにかと教えはうけていた。じゃが、学問の尊《とうと》さを知り、自《みずか》ら求めて学ぼうとする熱意を持ち始めたのは、十五の年じゃ。恥《は》ずかしい話じゃが、それまでは夢うつつで、なんの自覚《じかく》もなく、教えられるままに、ただ物《もの》まねをしていたに過《す》ぎなかった。物まねは学問ではない。まことの学問は、自《みずか》ら求めて勉《つと》め励《はげ》むところに始まるのじゃ」

門人たちの多くはうなずいた。なかには思わず目を伏《ふ》せたり、顔をあからめたりする者もあった。

「やっと自分というものに目を覚《さ》まして、学問《がくもん》に志《こころざ》すには志《こころざ》したものの、例の貧乏で一心《いっしん》不乱《ふらん》というわけにはなかなかいかなかったものじゃ。しかし、また考えてみると、貧乏のおかげで、いろいろの仕事を次から次へと覚えこむことができた。これで、今でも金の勘《かん》定《じょう》ができるし、穀物《こくもつ》の蔵番《くらばん》や、家畜《かちく》の世話をやらされても、ひととおりのことはできる自信があるのじゃ。ははは」

「先生、それで思い起こしましたが――」

と子貢《しこう》が、突然口をはさんだ。

「呉《ご》の大宰《たいさい》が、先生のことを聖人《せいじん》だと申しておりました」[1]

「ほう、呉《ご》の大宰《たいさい》が？」

「そうです。先生が詩書礼楽《ししょれいがく》のことから、下々《しもじも》の人のやるような事まで、なにひとつお通じになっていないことがないので、大宰はまったく驚嘆して、こんな人こそ聖人というのだろう、実に多能《たのう》だ、と申しておりました」

「ふむ、で、その時、お前はなんと答えた」

「先生は天の心にかなった大徳《だいとく》をおそなえになっている、その意味でもとより聖人ともいえる方《かた》である。また、むろん多能《たのう》でもあられる、と、そんなふうに答えておきました。私は、聖人と多芸多能とはまったく別の事だと考えたのです」

「ふむ、しかし、大宰《たいさい》がわしを多能《たのう》じゃといったのは当たっている。今いったとおり、若いころにせっぱつまって、いろいろの仕事を覚えたのでな。じゃが、大宰《たいさい》には君子《くんし》の志《こころざし》はわかっていない。多能は君子の道ではないのじゃ。君子の道はそんなことのほかにある」

孔子《こうし》は聖人といわれたことについてはなんともいわなかった。子貢《しこう》は、しかし、自分の大宰《たいさい》に対して答えたことが、けっして間違いでなかったという確信を得て、嬉《うれ》しそうだった。

「先生は、世に用いられなかったために、諸芸《しょげい》に習熟《しゅうじゅく》したと、いつぞや子張《しちょう》におっしゃったそうですが――」

と、一人の若い門人がいった。

「そうじゃ、用いられないと、貧乏はするし、閑《ひま》はあるし、ついいろいろのことを覚えてしまうものじゃ。それはなにもわしの若いころに限ったことではない。じゃが、十五の時から、わしは学問の本筋《ほんすじ》を忘れて、わき道にそれたことはないつもりじゃ。十六の年に、ふとしたことで、礼《れい》について知識のないのが恥《は》ずかしくなって、三十になるまでは、一日たりともその研究を怠《おこた》ったことはなかった。おかげで、二十二、三歳のころにはひととおりのことは人に教える自信もでき、同時に自分の世に立つ道もいよいよはっきりして来たのじゃ。

わしの道は、そのころから今日《きょう》まで少しも変わってはいない。[2]わしはただ忠実に古聖人《こせいじん》の道を祖述《そじゅつ》することに専念してきたばかりじゃ。わしの道にはわしの創意はない。古聖人の道は完全無欠じゃから、ただこれを信じ、ただこれを好み、そしてそのまま世に伝えてさえいけばいい。殷《いん》の賢大夫老彭《ろうほう》がそうであった。わしは及《およ》ばずながら、老彭《ろうほう》にあやかろうと思ったのじゃ」

「先生！」

と、この時、一人の若い門人が叫んだ。

「私どもは、先生のお教えが、単に古聖人の祖述《そじゅつ》であるとは信じたくありません。それは先生のご謙遜《けんそん》ではありませんか。第一、もし古いものを伝えていくだけが人間の道だとしますと、世の中にはなんの進歩もないわけであります。だからこそ、殷《いん》の湯王《とうおう》の盤《ばん》の銘《めい》にも、『苟《まこと》に日に新《あら》たに、日々に新たに、日に又《また》新たなり』とあるではありませんか。私どもは、幾度《いくど》となくその言葉を先生に教えていただいたと記憶《きおく》していますが……」

孔子《こうし》は微笑《びしょう》しながらそれを聞いていたが、言葉が終わると、急にきっとなって、

「お前のいうことは、まるで見当《けんとう》ちがいじゃ。古聖人《こせいじん》の道をこの泰山《たいざん》にたとえてみよう。おたがいにこの泰山《たいざん》の頂《いただき》をきわめないで、一寸《すん》一分《ぶ》〔一寸《すん》は約三センチメートル、一分《ぶ》は約〇・三センチメートル〕でもそれを高くすることができると思うのか。聖人の道にただ一つでも創意を加えようとするには、まず古聖人の道を完全に理解しなければならない。頭で理解しただけではいかぬ。心で、体で、つまり実践《じっせん》の道において自由自在に自分のものとしなければならない。わしは今日《きょう》までそれを努めて来たのじゃ。努めて来た結果、いよいよ古聖人の道の完全無欠なことに驚くばかりじゃ。

お前は、世の中の進歩を望んでいるようじゃが、世の中を進歩させるには、まずお前自身が進歩するのが、一番の近道じゃ。どうじゃ、古聖人の道がほんとうにわかったかの。古聖人以上の道をわしに求めるほどに、お前自身の準備はもう整《ととの》ったかの。もしまだ整《ととの》っ

ていないとすれば、湯王《とうおう》の盤《ばん》の銘《めい》にあるように、毎日自分の垢《あか》を落として、日に日に新《あら》たになることじゃ」

門人は首を垂《た》れた。孔子《こうし》はふたたび微笑《びしょう》しながら、

「では話を先にすすめよう。わしが音楽のゆるがせにすべからざることを真《しん》に痛感《つうかん》したのも、そのころのことであった。で、ちょうど三十の歳《とし》に、楽師《がくし》の襄子《じょうし》について琴《こと》を習ったのじゃ。むろん子どものころから音楽の稽古《けいこ》はずっとつづけていた。しかし、襄子《じょうし》は、当時音楽にかけて第一人者だったので、一度その音楽について、教えをうけてみたかったのじゃ」

「襄子《じょうし》の音楽はいかがでございました？　ずいぶん名高《なだか》かった人のように聞いておりますが」

と、一人の門人がいった。

「それはめったにきかれないりっぱなものであった。もっともあとで考えると、もう一息《ひといき》というところもあったが……」

「もう一息といいますと？」

「やはり最後は人じゃな。こんな話をするのはどうかと思うが、なにも学問じゃ。わしが

稽古《けいこ》をした時の話をしてみよう。それはこうじゃ。わしがたずねて行くと、すぐ今までわしの聞いたことのない一曲を教わった。十日ほどもその稽古《けいこ》をしたころ、襄子《じょうし》は、『もういい、今度は次の曲にしよう』といい出した。わしは、しかし、節《ふし》だけはわかったが、まだ拍子《ひょうし》が十分のみこめないので、そういって当分その曲だけをつづけて練習することにした。ところが、また十日もたつと、『拍子《ひょうし》もそれで十分だ、次の曲にしよう』という。しかし、わしには、まだその曲の気持がわからない。でさらに十日ほど練習した。すると、『もう気持もわかったようだ、いよいよ次の曲にしてはどうだ』という。

それでもわしは、その気持を出した作曲者の人物がわかるまでと思ってがんばっていた。すると、襄子《じょうし》がある日、非常に驚いたような顔をして、わしの琴《こと》を弾《ひ》いている様子《ようす》を見ていたが、『もうきっと作曲者の人物までわかったに相違《そうい》ない』というのじゃ。わしはその時、静かな深い気持になっていた。そして色の浅黒《あさぐろ》い、面長《おもなが》な、大洋《たいよう》の果《は》てを望んでいるような目つきをした、王者のような人の姿を思い浮かべていたのじゃ。わしは、これはきっと文王《ぶんのう》に相違《そうい》ないと思った。で、そういうと、はたして、そのとおりであった」

門人《もんじん》たちの目は輝いた。彼らは、孔子《こうし》が音楽の間に見た文王《ぶんのう》の姿を、そのまま孔子自身の姿において見いだしていたのである。

「先生、襄子《じょうし》自身は、それが文王《ぶんのう》の曲であると知りながら、文王の姿を見るまでにはいたっていなかったのでしょうか」

と、一人の門人がたずねた。

「そこじゃ、わしがもう一息というのは。襄子《じょうし》はなんといっても、まだ音楽を技術として愛していたに過《す》ぎない。文王《ぶんのう》の姿を見、文王の気持をつかむには、ただの技術ではだめなのじゃ。真《しん》に道を愛し、道を求むる心、つまり人生を開拓《かいたく》する心があって、はじめて文王の曲がわかるというものじゃ」

「襄子《じょうし》はあとで先生に弟子《ていし》の礼《れい》をとっていた、というわさを聞いたことがありますが、それは、そんなことがあってからのことなんでしょうか」

孔子《こうし》はちょっと苦笑《くしょう》した。しかし、なにか思い返したように、

「うむ、襄子《じょうし》はなかなか謙譲《けんじょう》な人であった。その時も、急に席を下がって、わしを再拝《さいはい》したのじゃ。あの気持でもうしばらく生きていてもらうと、真《しん》に古今《ここん》の名人になることができたのじゃがな」

しばらく沈黙がつづいた。孔子は、叔魚《しゅくぎょ》、子木《しぼく》、子旗《しき》、子羔《しこう》といったような、四十歳前後の門人たちの顔を、しばらく見まわしていたが、

「わしは、三十歳から四十歳までの間が、今から考えると、精神的にいちばん苦しんだ時のようじゃ。三十そこそこで、世間《せけん》からは礼《れい》の大家《たいか》だといわれ、顕門《けんもん》の子弟《してい》でわしに礼を学ぶ者も多かったので、自然心が増長《ぞうちょう》しそうになってきた。それに、一方では、自分の修《おさ》めた学問が、どうやら知識の学問でしかないような気がし出して、不安でたまらない。内心に不安を感じながら、世間的《せけんてき》に権威《けんい》を落とすまいとするほど、いやな気持のすることはないものじゃでのう。

自分を笞打《むちう》ち、笞打ち、今日《きょう》までどうなり正しい道を踏《ふ》みはずさないできたものの、そのころは事ごとに迷うことばかりで、苦しんだものじゃ。なにかちょっとしたことにぶつかって、右か左かの決心をつけるまでに、三日も四日もかかったことさえある。電光石《でんこうせっ》火《か》というぐあいにはなかなかいかなかったものじゃ。それに、一度決心をつけて、その方にふみ出してからも、ちょっと後《うし》ろをふり返ってみたくなったりして、考えるとおかしいほど未練《みれん》がましかったものじゃ。それもやはり、学問が実践《じっせん》によって練《ね》れていなかったからであった。しかし、四十をこすと、どうなりそんな迷いもなくなって、何事をなすにも立ちどころに心が決まるようになったのじゃ」

「先生が周都洛陽《らくよう》においでになったのは、おいくつぐらいの時だったでしょう」

「三十五歳の時であったと覚えている。あの時が、わしの一生のうちでもっとも感銘《かんめい》の深かった時ともいえるのじゃ。明堂《めいどう》で、堯舜《ぎょうしゅん》や桀紂《けっちゅう》の像を見た時には、なにかこう、ふるい立つような気持を胸の奥に感じたものじゃ」

「老子《ろうし》にお会いになったのも、その時でしたね」

「そうじゃ、幾度《いくたび》もいうようじゃが、老子《ろうし》にはとらえがたい竜《りゅう》のような神秘があった。あの人の実人生に対する態度には、どうしても同意できないところがあったが、天地《てんち》とともに生きる心境《しんきょう》の自然さと、その深さとには、深く心を打たれるものがあった。わしに対して、良賈《りょうこ》は深く蔵《ぞう》して空《むな》しきが如《ごと》く、君子《くんし》は盛徳《せいとく》があって、容貌愚《ぐ》なるが如《ごと》しと誡《いまし》め、また、驕気《きょうき》と、多欲《たよく》と、態色《たいしょく》と、淫志《いんし》を去れと教えてくれたが、まだ若かったわたしにとっては、たしかに適切な言葉であったと、今でも感謝している。わしが、わしの学問を頭から心に、心から行いに引き直して、そこに自然の境地《きょうち》を開拓しようと、真剣に努力し始めたのも、一つには老子《ろうし》の教えがあったからじゃ」

門人たちは、これまで学問の敵だとばかり考えていた老子《ろうし》を、孔子《こうし》がしきりにほめるので、いくらかあっけにとられた形であった。

「しかし――」

と、孔子は急に悲しそうな顔をしていった。

「あのころは忌《いま》わしいこともずいぶん多かった。魯《ろ》の国がひどく乱脈《らんみゃく》になり、昭公《しょうこう》が季氏《きし》に追われて斉《せい》に逃げ出されたのもあのころであった。わしも難《なん》を避《さ》けて斉《せい》に行ったが、途中、ある山の麓《ふもと》の墓場で、一人の婦人がさめざめと泣いているのに出遇《であ》ったのじゃ。わけをたずねると、舅《しゅうと》と夫《おっと》を虎《とら》に食《く》い殺された上、今度はまた子どもまでも食《く》い殺されたのだという。わしは、その婦人に、ではなぜこんな恐ろしい山の中に住んでいるのかとたずねてみた。すると、その婦人の答えが実に恐ろしい。『ここには苛酷《かこく》な政治がございませんから』というではないか。苛政《かせい》は実に虎《とら》よりも恐ろしいのじゃ。

わしはその時、ある大きな使命《しめい》を天から下《くだ》されたような気がしてならなかった。政治は書斎《しょさい》のものであってはならない。老子《ろうし》に驕気《きょうき》と笑われ、多欲《たよく》とののしられようと、古聖《こせい》の道を地に布《し》くためには、どうしても政治の実権《じっけん》を握らなければならない。わしにはそう思われたのじゃ。しかし、そう思っても、前にいったとおり、自分自身をすら十分に治《おさ》めることのできないありさまでは、どうにもなるものではない。で、四十歳になるまでのわしは、迷わざる自己を建設することに全力をつくしてきたのじゃ」

「斉《せい》においでになっても、直接政治にはご関係にならなかったのですか」

「権臣《けんしん》の中にじゃまするものがあって、なにひとつできなかった。なにぶん、斉《せい》の景公《けいこう》が気魄《きはく》のない、意志の弱い人物で、どうにもならなかったのじゃ」

「景公《けいこう》に対して、先生はなにかお説《と》きになりましたでしょうか」

「政治のことをたずねられたので、わしは、君臣父子《くんしんふし》おのおのその道を守るのが第一であるとお答えしたのじゃ。なにぶん、宮廷権臣《きゅうていけんしん》の間に、そうした根本《こんぽん》の道が紊《みだ》れていて、政策はどうのこうのという段取《だんど》りまでは、いっていなかったのでな」

「景公《けいこう》は、先生のお言葉に対してなんとかいわれましたか」

「君臣父子《くんしんふし》がそれぞれの道を履《ふ》み行うことができなければ、財政がどんなに豊かでも、自分は安《やす》んじて食《く》うことができない、とまでいっておられた。しかし、大夫《たいふ》や寵妃《ちょうき》に気がねして、太子《たいし》を立てることさえできない始末《しまつ》では、なんとも仕方がなかったのじゃ」

「先生がご自分で政治をおやりになったのは、すると、やはり魯《ろ》がはじめてでございましたね」

「そうじゃ、魯《ろ》がはじめてでもあり終わりでもあった。しかし、あのころはもうわしも五十をこしていた。はっきりと天命《てんめい》を知ることができていたのじゃ。で、わしは、その信念に基《もとづ》いて、なんの不安もなく政《まつりごと》を行うことができた。中都《ちゅうと》の宰《さい》から、司空《しくう》、大司寇《だいしこう》と

六、七年の間、仕事をやってきたが、今から考えても、わしは間違ったことをしたとは思わぬ。天は不易《ふえき》じゃ。何者をもってしても、これに打ち克《か》つことはできぬ。この不易《ふえき》なるものの心に結ばれて政《まつりごと》を行っていると思えば、なんの不安もない。成敗利鈍《せいはいりどん》はもう問題外じゃ。しかし――」

と、孔子《こうし》は、沈痛《ちんつう》な顔をして、

「天命《てんめい》を知り、不易《ふえき》なるものの心に結ばれているという信念は、それが自分に信念として意識される間は、まだ究極《きゆうきよく》のものではない。今から考えると、そのころのわしの政治のやり方には、なにかぎこちないものがあったのではないかと思われる。定公《ていこう》が、わしを用いながらも、しだいにわしから遠ざかって、斉《せい》から送られた美人の誘惑《ゆうわく》に乗り、季氏《きし》の甘言《かんげん》にあやつられたのも、わしにまだいたらぬところがあったからじゃ。

わしとわしの信念とは、まだ真《しん》に一体にはなっていなかった。信念を信念と意識していたのがなによりの証拠じゃ。まことの信念は、信念を信念と意識しないまでに、その信念が自分に溶《と》けこんだ時に得られるものじゃ。わしは、魯《ろ》を去って諸国遍歴《しよこくへんれき》の旅をつづけているうちに、しだいにそのことがわかってきた。

わしが易《えき》を学びはじめたのは五十の年《とし》からであったが、易《えき》の心がほんとにわかり出したのも、この遍歴《へんれき》の旅のころじゃ。天と地と人、過去と現在と未来、これらのものが渾然《こんぜん》と一枚の布に織《お》り出されているのが易《えき》じゃ。この易《えき》の心にふれてはじめて、信念を信念と意識する相対《そうたい》の境地を超克《ちょうこく》して、天理の中に自己を没入《ぼつにゅう》し自己の中に天理を溶《と》かしこんだ一《いち》如《にょ》の境地が得られる。この境地をつかむと、目に映《えい》ずるもの、耳に響《ひび》くものに、いささかの歪《ゆが》みがない。

是非善悪《ぜひぜんあく》、理否曲直《りひきょくちょく》、いっさいはありのままに自分の心にうつり、自分の心もまた、ありのままにそれに対して動くのじゃ。それを、わしは耳順《したが》うの境地と呼んでいる。すなわち、成心《せいしん》なく、素直《すなお》に、自然に、思わずして、天地人や、過去現在未来を、誤《あやま》りなくとらえうる境地じゃ。わしが、そうした境地をつかみ得たのは、やっと六十歳になってからのことであった」

門人《もんじん》たちにも、孔子《こうし》のいっている言葉の表面だけは、どうなりわかった。しかし、それは蒼空の蒼きを見ながら、それに触《ふ》れることができないようなものであった。彼らのある者は、顔回《がんかい》が生きていたころ、ある日、しみじみと嘆息《たんそく》して、

[4]「先生の徳《とく》は山だ。仰《あお》げば仰ぐほど高い。先生の信念は金石《きんせき》だ。鑽《き》れば鑽《き》るほど堅《かた》い。捕《ほ》捉《そく》しがたいのは先生の高遠な道だ。前にあるかと思うと、たちまち後《うし》ろにある。先生は順

序次第を立てて、よくわれわれを導《みちび》き、われわれの知識を博《ひろ》むるに古聖《こせい》の教えをもってし、行動を規制するに礼《れい》をもってせられる。その指導の巧《たく》みさに魅《み》せられて、罷《や》めようとしても罷《や》めることができない。私は私の才能の限りを尽くして努力した。そして、今ではやっと、先生の道の本体をはっきりとこの目で見ることができる。しかし、いざこれを把《は》握《あく》しようとするとどうにもならない」

といった言葉を思いおこしていた。

「けれども――」

と、孔子はさらに語りつづけた。

「その心境《しんきょう》は、そのままではまだ生きた道ではない。それは自分一個の心の中の生活じゃ。仙人《せんにん》や隠士《いんし》の中にも、そうした心境をとらえ得たものがないとはいえぬ。わしはそれだけでは満足ができなかった。磨《みが》かれた鏡は、万象《ばんしょう》の真《まこと》をありのままに写《うつ》すが、その写されたものは、畢竟空《ひっきょうくう》じゃ。それと同じで、かりにわしが天地人と過去現在未来の真《まこと》を歪《ゆが》みなくとらえ得たとしても、そのままでは、それは死物と択《えら》ぶところはない。真理は行為《こうい》の世界に引き直されてはじめて、生命ある真理となることができる。

わしはそう思って、それ以来さらにたゆみなき努力をつづけて来た。努力をつづけているうちに、わしは人間の行為《こうい》がいかにむずかしいものであるかを、いまさらのように発見して驚いたものじゃ。わしは四十にして惑《まど》わなくなったといったが、なるほど行為の大本については惑わなかった。また五十にして天命を知るといったが、なるほどその知り得た天命に根底《こんてい》から背《そむ》くようなことはしなかった。

しかし、耳順《したが》う境地に達するまでは、わしの行為《こうい》の尺度《ものさし》の目盛《めも》りは、どうやら精密を欠《か》いていたようじゃ。同じく一尺《しゃく》〔約三〇センチメートル〕の尺度たるに変わりはなかったが、一寸《すん》一分《ぶ》〔一寸は約三センチメートル、一分は約〇・三センチメートル〕の目盛《めも》りの切り方《かた》には、わしの主観がまじっていた。わしの迷わざる生活目標、わしの感じ得た天命《てんめい》の中に、わしの私心《ししん》が働いて、こまかな目盛《めも》りをわしの好きなようにかってに切っていったのじゃ。ところが耳順《したが》い、いっさいの真をありのままにとらえて、その目盛《めも》りを正してみると、わしの行為《こうい》は、容易にその目盛《めも》りにきちんと合ってこないのじゃ。

わしのねらっている大目標に誤《あやま》りはない、また、わしのたどって行く道程《どうてい》も正しい。しかし、一歩一歩の足の踏《ふ》み方《かた》にはわがままがあり、むだがある。それを正そうとしても、自分の足がなかなか自分の意のとおり動かない。これではならぬと思った。これでは親孝行をするために盗みをするのとたいした変わりはないと思ったのじゃ。そして努《つと》めに努《つと》めた結果、自分の欲するままに足を動かしても、正しい目盛《めも》りにきっちり合うようになったのが、やっと七十歳になってからのことであった。わしが、のびのびとした心の自由さを味わうことができるようになったのは、それ以来のことじゃ」

孔子《こうし》は語り終わって目を閉じた。風の音が、樹々《きぎ》を伝って、しずかに遠くの谷間《たにま》に消えていく。孔子は、その風の音に聞きほれながら、自分の長かった苦闘《くとう》のあとを顧《かえり》みた。神秘を求めず、奇跡《きせき》を願わず、常《つね》の道を、自己の力によって、一歩一歩と深めていき、その深められた極所《きょくしょ》において、いっさいを握りしめている一個の人間を、彼は彼自身において見いだした。彼は、自分の達し得た境地《きょうち》は、もし誠《まこと》を積むの努力さえ払われるならば、何《なん》人《ぴと》もが達しうる境地であることを思った。彼はそう思うことによって無限の喜びを感じた。

(自分の歩いて来た道は、万人《ばんにん》の道だ。自分は今、何人《なんぴと》が自分の言葉に従って自分のあとを歩《あゆ》もうとも、いささかの不安も感じない。なぜなら、自分の言葉には、ただの一つも空想がなかったからだ。自分は自分の言葉を、残らず実践《じっせん》によって証明してきたのだ。否《いな》、実践《じっせん》の後《あと》にこそ自分の言葉が生まれてきたのだ)

彼は立ち上がって空を仰《あお》いだ。空はやはりはてもなく蒼《あお》かった。そして泰山《たいざん》の土が、がっちりと彼の脚《あし》を支《ささ》えていた。

門人《もんじん》たちは、めいめいの心境《しんきょう》に応じて、孔子《こうし》の言葉を胸の中でくり返しながら、孔子の姿を仰《あお》いだ。だれも一語を発する者がなかった。

孔子は空を見ていた目を彼らのほうに転《てん》じた。彼はその瞬間、ふと彼らとの永遠の離別《りべつ》を思った。そして、彼らのうち真《しん》に自分のことばを理解してくれるものが、一人でもあるだろうかと思った時に、彼はわれ知らず深い孤独感《こどくかん》に襲《おそ》われた。彼はつぶやくようにいった。

「わしは、しかし、だれにもわかってもらえないのじゃ」

子貢《しこう》は、その言葉を聞くと、少し興奮して立ち上がった。そして、孔子に近づきながら、詰問《きつもん》するようにいった。

「先生はどうしてそんなことをおっしゃるのです。先生の大徳がだれにもわからないなんて、そんなことがあり得ましょうか」

孔子は、しかし、それには答えないで、やはり独《ひと》り言《ごと》のようにいった。

「わしは天を怨《うら》もうとも、人を尤《とが》めようとも思わぬ。わしはただ自分の信ずるところに従って、ちょうどこの泰山《たいざん》の麓《ふもと》から、頂上に上《のぼ》るように、低いところから、一歩一歩高いところに上《のぼ》って来たのじゃ。わしの心は天のみが知っている」

子貢《しこう》は、いかにも残念そうな顔をして、もう一度なんとかいおうとした。孔子《こうし》は、しかし、きっと彼の目を見据《みす》えながら、

「子貢《しこう》、いいか、わしの道はただそれだけじゃ」

子貢《しこう》ははっとして口をつぐんだ。まもなく彼らは泰山《たいざん》を下った。

伝説によると、彼は家に帰ってから、彼が成《な》しとげた古典編纂《こてんへんさん》の事業を記念するために、ひそやかな祭典《さいてん》を行い、同時に弟子《でし》たちを集めておごそかに永遠の訣別《けつべつ》を告げ、

「師《し》としての自分の任務はこれで終わった。これからはもう師でなくて友人だ」

と声明《せいめい》したそうである。

孔子がその一生の幕《まく》を閉じたのは、七十四歳の春であった。死の七日前、彼は子貢《しこう》に対して涙を流しながら、次のような歌を歌って聞かしたと伝えられている。

「泰山《たいざん》それ壊《くず》れんか

梁木《りょうぼく》それ摧《くだ》けんか

哲人《てつじん》それ萎《しな》びんか」

1 大宰子貢《たいさいしこう》に問いていわく、夫子《ふうし》は聖者《せいじゃ》か、何ぞそれ多能《たのう》なるやと。子貢《しこう》いわく、固《もと》より天これを縦《ゆる》して将《ほとん》ど聖《せい》、また多能《たのう》なりと。子之《しこれ》を聞きていわく、大宰《たいさい》我を知れるか。吾少《われわか》くして賤《いや》し。故《ゆえ》に鄙事《ひじ》に多能《たのう》なり。君子《くんし》多ならんや。多ならざるなりと。牢《ろう》いわく、子《し》いう。吾試《われもち》いられず、故《ゆえ》に芸《げい》ありと。（子罕《しかん》篇）

2 子《し》いわく、述《の》べて作らず。信じて古《いにしえ》を好む。ひそかに我《われ》を老彭《ろうほう》に比《ひ》すと。（述而《じゅつじ》篇）

3 斉《せい》の景公《けいこう》政《まつりごと》を孔子《こうし》に問う。孔子対《こた》えていわく、君君《きみきみ》たり、臣臣《しんしん》たり、父父《ちちちち》たり、子子《ここ》たりと。公《こう》いわく、善《よ》い哉《かな》、信《まこと》に如《も》し君君《きみきみ》たらず、臣臣《しんしん》たらず、父父《ちちちち》たらず、子子《ここ》たらずんば、粟《ぞく》ありといえども吾豈《われあ》に得てこれを食《は》まんやと。（顔淵《がんえん》篇）

4 顔淵喟然《がんえんきぜん》として歎《たん》じていわく、これを仰《あお》げばいよいよ高く、之《これ》を鑽《き》ればいよいよ堅《かた》し。これを瞻《み》れば前に在《あ》り、忽焉《こつえん》として後《しり》えに在《あ》り。夫子循循然《ふうしじゅんじゅんぜん》として善《よ》く人を誘《みちび》く。我《われ》を博《ひろ》むるに文《ぶん》を以《もっ》てし、我《われ》を約《やく》するに礼《れい》を以《もっ》てす。罷《や》めんと欲《ほっ》するも能《あた》わず。既《すで》に吾《われ》が才《さい》を竭《つ》くす。立つ所ありて卓爾《たくじ》たるが如《ごと》し。これに従わんと欲《ほっ》すといえども、由《よし》なきのみと。（子罕《しかん》篇）

5 子《し》いわく、我《われ》を知ることなきかなと。子貢《しこう》いわく、何為《なんす》れぞそれ子《し》を知ることなからんと。子《し》いわく、天《てん》を怨《うら》みず、人を尤《とが》めず、下学《かがく》して上達す。我《われ》を知る者はそれ天《てん》かと。（憲問《けんもん》篇）

参考文献

底本

・『論語物語』下村湖人／大日本雄辯會講談社（昭和一三年）

参考図書

・『論語物語』下村湖人／講談社
・『論語物語』下村湖人／河出書房新社
・『現代語訳論語』斎藤 孝／筑摩書房
・『世界一やさしい「論語」の授業』佐久 協／ベストセラーズ
・『論語と孔子の事典』江連 隆／大修館書店
・『孔子と論語がわかる事典』井上宏生／日本実業出版社
・『マンガ『論語』完全入門』森 哲郎／講談社
・『新編 論語の人間学』守屋 洋／プレジデント社

論語物語《ろんごものがたり》

二〇二一年六月一五日　初版第一刷発行

著者　下村湖人《しもむらこじん》
発行者　笹田大治
発行所　株式会社興陽館
郵便番号一一三－〇〇二四　東京都文京区西片一－一七－八　KSビル
電話〇三－五八四〇－七八二〇　FAX〇三－五八四〇－七九五四
URL https://www.koyokan.co.jp
ブックデザイン　鈴木成一デザイン室
校正　結城靖博
編集補助　久木田理奈子＋渡邉かおり
編集人　本田道生
印刷　惠友印刷株式会社
DTP　有限会社天龍社
製本　ナショナル製本協同組合

ISBN978-4-87723-276-4 C0010